Edition Akzente
Herausgegeben von
Michael Krüger

Günter Kunert

Vor der Sintflut

Das Gedicht
als Arche Noah

Frankfurter Vorlesungen

Carl Hanser Verlag

Meiner unduldsamsten
Leserin M.

ISBN 3-446-14404-8
Alle Rechte vorbehalten
© 1985 Carl Hanser Verlag München Wien
Umschlag: Klaus Detjen,
mit einem Foto von Isolde Ohlbaum
Satz: LibroSatz, Kriftel/Taunus
Druck und Bindung: Pustet, Regensburg
Printed in Germany

Was soll noch oder kann heute das Gedicht?

Bevor wir uns an Bord begeben – um im Vorstellungskreis unseres Titels zu bleiben –, zögern wir schon skeptisch. Uns drängt sich sofort die Frage auf, worauf wir uns bei diesem Unternehmen einlassen. Das Gedicht als Arche – wofür und warum denn? Woher dieser übertriebene Anspruch? Wir wissen zur Genüge, was ein Gedicht ist, und halten es eher für eine überflüssige Erscheinung im Reich der Literatur als für das Versprechen von Rettung und Überleben. Aber – wissen wir wirklich, was das ist: ein Gedicht?

Natürlich wissen wir's.

Schließlich können wir es ja schwarz auf weiß im Handbuch literarischer Fachbegriffe nachlesen: »Im Vorgang des Benennens der Dinge gewinnt die Lyrik eine Sprachautonomie über die Welt . . . mit einem festen Formelkanon . . . Ausdrucksweise einer unmittelbaren Gefühlsaussprache . . . Aber schon bei Heine erfolgt wieder die Trennung in Ich und Gegenüber . . .« – und so weiter und so fort. Es ist uns klar, daß es sich hier um eine von einem jüdischen Linksintellektuellen verdorbene Sache handelt, in die vordem offenkundig viel Gefühl investiert worden ist. Aber was hat das mit einem Rettungsboot zu tun?

Selbstverständlich könnte man ad infinitum kürzere oder längere Definitionen zitieren, bis man, angeödet vor lauter erfahrungsfernen Abstraktionen und Konstruktionen, nie wieder in seinem Leben etwas über das Gedicht anzuhören vermag. Aus diesem fremdverursachten Leiden ließe sich schlußfolgern, das Gedicht müsse etwas Ähnliches wie eine zahnärztliche Wurzelbehandlung sein, nur eben psychisch statt physisch zu erleiden und nicht von der AOK finanziert. Wir jedoch wollen auf das strikte Gegenteil hinaus, und nur darum haben wir unsere Frage gestellt, in der Gewißheit, mehr ans Tageslicht zu bringen als zusätzliche lexikalische Attribute.

Freilich: Wir werden, worum ich jetzt schon um Entschuldigung bitte, das nationale Laster abstrakten Spekulierens kaum ganz vermeiden können. Der deutsche Hang zur grauen Theorie ist umso vermeidlicher und nachhaltiger geworden, je mehr die Folgen eben dieses Theoretisierens das Grün von des Lebens goldenem Baum haben abblättern lassen. Auch Binsenwahrheiten werden nicht zu vermeiden sein, ohne Gewißheit übrigens, ob der Aufwand die Mühe lohnt.

Wir haben früher, als die Welt zwar auch nicht gerade heil, aber wahrscheinlich weniger auffällig unheil war, zu hören bekommen, im Gedicht offenbare sich etwas Existentielles, ein »Seinsgrund«. Diese Behauptung müßte eigentlich eine hochgespannte Erwartung erzeugen. Wir, in Schatzgräberposition, brauchten bloß diesen »Seinsgrund« aufzudecken, um sogleich Aufschluß über das zu erhalten, was uns einzig wichtig ist: Unser eigenes Selbst. Auf der Suche nach unserer verlorenen Identität, welche – und darüber sind wir uns über Konfession und Parteizugehörigkeit hinweg einig – während einer länger anhaltenden, nach ihr selber benannten Krise abhanden kam, fehlt uns nichts weiter als der geistige Kompaß. Und warum sollte der sich nicht als *Das Gedicht* zu erkennen geben?

Von anderen ideologischen Hinweisen sind wir letztlich immer wieder enttäuscht worden. Auf dem langen Marsch durch die Institutionen in Richtung Utopia ließen sich nur hier und da Bruchstücke von Individualität entdecken. Kaum hatte das politisch geprägte Selbstverständnis ein »Alter Ego« gefunden, einen Rollenpart für sich akzeptiert, nahm das Schauspiel eine andere Wendung oder wurde gar vom Spielplan abgesetzt. Die Attitüde des Revolutionärs wurde durch die Praxis des offenkundig unvermeidlichen Bonapartismus widerlegt. Auch die Kinder von Marx und Coca Cola alterten und erlitten »Unordnung und frühes Leid«. Aber lange bevor das geschah, in den schlechten alten Zeiten nämlich, hatten wir immerhin für alle Versagungen ein Äquivalent, ein eigenes ICH, und durften stolz mit unserem Großklassiker meinen: »Höchstes Glück der Erdenkinder / ist doch die Persönlichkeit . . .«

Dieses Glück, wie auch andere Gaben aus Fortunas Füllhorn, scheint uns nicht mehr gegönnt. Wie denn bloß eine Persönlichkeit werden, wenn das Faktum des Seins dem des Habens gewichen ist? Dann reicht es nur noch zur »personality«, die man eben *hat* wie einen Anzug, etwas Äußerliches, zu dem man Innerliches nicht mehr benötigt – wie beispielsweise das Gedicht.

Wir haben manche Bewußtseinsform ausprobiert, von den soziologisch verengten bis zu den chemisch erweiterten, um hinterher stets aufs neue festzustellen, daß es sich jeweils um Ideologie handelte, deren Verfallsdatum wir offenkundig übersehen hatten. Kein Halt in der Erscheinungen Flucht. Aber gibt es überhaupt ein Bewußtsein, das nicht Ideologie wäre oder frei von Ideologie? Das nicht schnellstens sich verbrauchte, um einen mehr oder weniger häßlichen Fleck zu hinterlassen, den keine Reinigung mehr wegbekommt?

Im Augenblick bedrohlicher Beängstigung vor der individuellen Leere, die der allgemeinen korrespondiert, ist uns, wie ich mir vorstellen könnte, das Gedicht am nächsten. Ja, das Verlangen nach einem anderen, unkorrumpierbaren Bewußtsein, das nicht bloß aus politischem Zement, materieller Verblendung und gewalttätigem Vorurteil sich zusammensetzt, müßte naturnotwendig an das Gedicht geraten.

Das Gedicht, so subjektiv es scheinen mag, kann ein Beleg des objektiv gewordenen Bewußtseins sein. Unsere Mühe, es zu entschlüsseln, ist der Preis, den wir zu entrichten haben, wenn wir wissen wollen, wohin wir gelangt sind, innerlich wie äußerlich, als Einzelne und als Gattung. Und noch eine Möglichkeit bietet uns das Gedicht, obgleich eine unheimliche: Es besitzt die Fähigeit der Witterung, der Vorahnung, der Prophetie, wobei ich, um seine Wirkung zu charakterisieren, sofort auf Kassandra verweise. Sie hat den Untergang Trojas vorausgesagt, ohne daß irgendeiner im Ort die Vorhersage ernst genommen hätte. Dieses Schicksal erleidet auch das Gedicht, beziehungsweise erleiden jene Gedichte, in denen Zukunft wie Zukunftslosigkeit schon stattfinden. Der Name Kassandra wird heute eher abwertend-ironisch gebraucht, also im altbekannten Tonfall selbstblinder Hybris.

Das Gedicht ist zur Randerscheinung nicht nur gesellschaftlicher Interessen, sondern auch der gesamten Literatur degradiert worden. Wir wollen uns einbilden, das sei darum geschehen, weil sein Bewußtsein, das Bewußtsein des Gedichts, trotz des Bodensatzes von allerlei Bildungs- und Unbildungsgut, schärfer und wacher ist als das alltägliche konfuse und konforme. Gerade weil es weitaus weniger eng und instrumental zugerichtet ist, muß es anachronistisch wirken. Es besitzt für unsere Gegenwart zuviel überschüssige und damit überflüssige Erkenntnis. Das Bewußtsein des Gedichts widerspricht dem gängigen zweckgebundenen, das von sich glaubt, es befleißige sich allergrößter Objektivität. Doch gerade in solchem Moment sind wir – mit einem falschen Bild gesagt – über unser eigenes Gehirn gestolpert.

Als Beleg – und weil Zitate die eigene Position festigend untermauern, und weil auch abgeleitete Autorität noch Autorität verleiht – möchte ich einen Naturwissenschaftler anführen. Erich Jantsch, Mitbegründer des »Club of Rome«, aus dem er bald wieder austrat, schreibt über eine

Bewußtseinsform, in der angeblich der menschliche Geist kulminiert:

»Die Wissenschaft selbst – ein Gebiet des neuralen Geistes par excellence – ist mit ihrer Einengung auf bestimmte Lehren und mit ihrem Anspruch, Wissen allein und absolut zu repräsentieren, in die Stabilitätsfallen des limbischen Hirns geraten – in ihren borniertesten Formen sogar in die des Reptilienhirnes. Es liegt nicht wenig Ironie darin, daß gerade eine sich als ›objektiv‹ aufspielende Wissenschaft dem subjektivsten Aspekt der Evolution, dem selbstreflexiven Geist, entstammt. Die Einengung auf eine einzige Sicht, die dann als objektiv empfunden wird, geschieht dabei durch jene ›unterschwelligen‹ Prozesse, die den nicht analytischen Teilen des Hirns entstammen . . .«

Die Besonderheit eines anderen ausschließlich im Gedicht kenntlich werdenden und nur dort auftretenden Bewußtseins ist ein doppelter und merkwürdig synchroner Atavismus. Ich benenne es so nur vorläufig und aus Mangel an treffenderer Begrifflichkeit. Was ich meine ist, daß im Gedicht zwei Seh- und Erfahrungsweisen als eine einzige in Erscheinung treten: Die früh-personale, also kindliche, und eine früh-geschichtliche, die der Gattung eingeboren ist. Ich möchte Sie nicht enttäuschen und endlich das Wort aussprechen, auf das Sie warten: *Magie.* Darunter wäre etwas zu verstehen, das dem Animismus verbunden ist, und zwar ganz eindeutig und keineswegs »unterschwellig«.

Die Seh- und Erfahrungsweise, von der ich rede, gleicht insofern der frühkindlichen, als für sie Dinge und Menschen wie erstmalig erschaut erscheinen. Durch die Abwesenheit von Vertrautheit vollzieht sich auch ein Verlust an Gewohnheit. Alles wird ungewöhnlich, neuartig, vielleicht auch beängstigend. Verfremdung heißt das bei Brecht, der aus diesem Grundgesetz der Lyrik ein Theorem gemacht hat.

Als abgestumpfte Erwachsene erkennen wir nicht mehr die Dämonenfratzen im Tapetenmuster über dem Kinderbett. Wir erinnern uns vielleicht noch des Umstands, wie wir in der bergenden Höhle unter dem elterlichen Eßzimmertisch hausten, doch nicht mehr unseres einstigen Empfindens, das uns die Verwandlung bescherte. Worte haben wir solange vor uns hingesagt, bis sie ihren Sinn verloren und rätselhaft wurden und etwas ganz anderes als ihren eigentlichen Inhalt bedeuten konnten. Warum hieß das Haus Haus und nicht Schuh? Wir haben das nie herausgekriegt. Unsere kindliche und kindische Etymologie hat uns manches lautmalerisch erklärt, zufriedengestellt waren wir nicht.

Wohl niemand außer Karl Kraus hat so knapp und zugleich so umfassend formuliert, was man getrost ein poetologisches Prinzip nennen könnte: Je näher man ein Wort anschaut, desto ferner blickt es zurück. Solche Formel, die auf Ursprung aus ist, bekennt sich fast beiläufig zu dem, was der Begriff »Animismus« grobschlächtig benennt. Die Animation, die Erweckung des scheinbar toten Buchstabens zum Leben, zur Zurückgabe des daseinschaffenden Blickes, verweist, vermutlich unwillentlich, auf die magische Belebung der Naturerscheinung durch unsere steinzeitlichen Ahnen. Dieser Blick historischer Frühzeit war »Weltanschauung« im wahrsten Wortsinn. Weil in dieser Frühzeit, wie wir aus der Forschung wissen, das Gedicht geboren wird, als Jagdzauberspruch, als monotoner Wechselgesang zu Zwecken gemeinschaftlicher Unternehmungen oder – was noch wichtiger war – zum Innewerden einer kollektiven Identität.

Aber eines Tages siegte die Aufklärung: Die höhere oder eigentlich niedere Einsicht. Die spirituell belebte Umwelt starb ab – für den erwachsen werdenden Menschen wie für den geschichtlich fortschreitenden. Diesen Moment bezeichnet die Sage vom Untergang der antiken mythologischen Gestalten nach dem Triumph des Christentums mit dem Ruf: »Der große Pan ist tot!« – wonach, eben dieser Sage zufolge, die Nymphen und Dryaden, all die heiligen Personifikationen von Naturkräften unter großem Wehklagen verschwunden sein sollen. Dieser Bruch wurde und wird immer wieder schmerzlich verspürt: »Im Herzen der Dinge ist Trauer . . «, heißt es bei Peter Huchel. Doch es ist unsere Trauer, die wir, ohne ihrer ledig zu werden, in die Dinge projizieren.

Die Dinge, die unser Blick einst belebt hat, müssen unter unserem Zugriff, unter unserer Aktivität sterben. Nur das Gedicht hat die Erinnerung an ihre Belebtheit behalten. Und noch die trivialsten Gedichte der Spätromantik, wo das Schilf flüstert, wo der Wind den Felsen umarmt oder der See lächelt, beweisen die Vermenschlichung der Dinge in einer Vergangenheit, da die Trennung noch nicht stattgefunden hatte. Heute erkennen wir das genaue Gegenteil: Die Verdinglichung des Menschen und seine Mutation zum Gegenstand.

Das Gedicht schleppt viele Schichten, viele Sedimente mit sich, die nicht unbedingt verbal sichtbar werden müssen. Gerade in der verwundeten und verwundenden Schärfe seines Bewußtseins ist auch der Schmerz selbstverschuldeter Individuation aufgehoben; der des Ausgestoßenseins aus bergenden Zusammenhängen, in die es keine Rückkehr mehr gibt. So ist sicherlich eine der wesentlichsten Intentionen des Gedichts, diesen Zustand wenn schon nicht durch die besondere dichterische Reflexion zu überwinden – das ist undenkbar –, so ihn doch erträglich zu machen, ihm standzuhalten.

Während ich über das »Wesen« des Gedichts, auch so eine hilflose Hilfskonstruktion, rede, lamentiere ich tatsächlich über seine Bedeutung. Auch mir will nicht gelingen, seine Substanz zu erfassen. Ich habe es bis jetzt selber nur als Mittel, als Instrument interpretiert, als eines der abweichenden Weltsicht, der Selbstverständigung, des spezifischen Ausdrucks eines Bewußtseinszustandes, ohne auf seine Autonomie zu stoßen, die uns im Lexikon-Zitat versprochen worden ist.

Vielleicht wird dieses vorsichtig tastende Spiel, das ich hier vorführe, dadurch bedingt, daß keine normative Ästhetik mehr greifbar ist. Als es die noch gab, hatte man wenigstens Kriterien in der Hand, nach denen man seine Fehlurteile guten Gewissens fällen konnte. Das ist vorbei. Und weil wir unsere aktuelle Urteilsunfähigkeit nicht eingestehen wollen, weder uns selber noch anderen, können wir uns auch nicht zu neuen Kriterien vorarbeiten. Wir tappen weiter durchs Gestrüpp literarischen Deutens und Wertens. Auf diesem unsicheren Pfad haben wir Krücken aus der Soziologie entliehen, aus den Gesellschaftswissenschaften, aus dem Marxismus und sogar aus der Politik. Wir haben die Werke um und umgewendet, uns fragend, was der Dichter uns da wohl vor die Füße geworfen und in den Weg gelegt hat. Aber was ein gutes Gedicht ist, was ein schlechtes, das haben wir genau nicht angeben können.

Hier möchte ich eine Hypothese Christian Enzensbergers auf die Lyrik anwenden, um eventuell doch noch zu dem zu kommen, was die Naturwissenschaft »gesicherte Ergebnisse« nennt. Enzensberger legte in einem Aufsatz mit dem Titel »Die Grenzen der literarischen Utopie« schlüssig dar, aus welchen Gründen die Utopie für die Literatur, für die erzählende Prosa ein Ungegenstand ist, ein nicht zu behandelnder Stoff. Er beschreibt einen Widerspruch, aus dem Literatur ihre Berechtigung wie ihr Versagen herzuleiten gezwungen ist. Kern des Arguments ist folgendes Zitat:

»Der Gegensatz zwischen der Literatur und der Erfahrungswirklichkeit war am besten als Strukturgegensatz zu beschreiben. Das Gemeinsame aller Literatur ist eine Struktur, die in der je eigenen Existenz beschädigt ist oder fehlt. Die in die Literatur aufgenommenen Erfahrungselemente sind interpretierbar in bezug auf einander und auf ein Ganzes, und insofern trotz aller ihrer Ursachen ›verständlich‹, die realen sind es nur mangelhaft oder gar nicht. In der Literatur hat alles Sinn, in der Existenz das allerwenigste. Mithin: die Erfahrung von Sinn ist nicht an bestimmte Inhalte gebunden, sondern ist die Erfahrung einer durchgängig interpretierbaren Struktur. *Das ist sie aber doch!* – die lange vermißte, unzweifelhafte Benennung der Funktion und des Vermögens der Literatur: sie soll offenbar (und kann ja auch) mögliche Elemente von Handeln und Erleben zusammensetzen zu fiktiven Beispielen von sinnkonsistenter und durchgängig interpretierbarer Erfahrungswirklichkeit. Damit errichtet sie eine Struktur, die es in der falsch geordneten Gesellschaft weder gibt noch geben kann, und liefert uns insofern immer und in jedem Fall eine ›alternative‹ Welt zum sinnlichen und emotionalen Nachvollzug – freilich eine strukturell alternative, in der die Zerstörung unseres gesellschaftlichen Verhältnisses auf einmal aufgehoben und weggezaubert scheint. Sie ist mit andern Worten dazu da und imstande, unserem in der Realität nie erfüllten elementaren Antrieb und unabweislichen Anspruch, zeitweise und im Nichtrealen, das heißt *kompensatorisch,* Befriedigung zu verschaffen.«

Das scheint ein literarisches Columbus-Ei. Wir brauchen nur noch die Schlußfolgerung zu ziehen, daß ein Werk, welches diese kompensatorische Funktion optimal erfüllt, eben auch ein künstlerisch optimales Werk sein muß. Gilt diese kompensatorische Befriedigung als Funktion auch für das Gedicht? Bildet auch das Gedicht eine strukturell alternative Welt oder – weil das Gedicht selten umfassend erzählt – vielleicht ein strukturelles »Alter Ego«, ein alternatives fiktives Ich, das dem Leser ebenfalls Ersatzbefriedigung verschafft? Und wäre damit auch das Gedicht nichts weiter als eine psychische Prothese, um den »Rezipienten (was sowieso schon nach »Patient« klingt) für die Dauer des »Rezipierens«, also der Behandlung, seine Amputation vergessen und ihn wieder ein bißchen humpeln zu machen?

Mir scheint, Enzensbergers Hypothese vom strukturellen Sinnersatz des literarischen Werkes in einer strukturell sinnlosen Gesellschaft hat für das Gedicht nicht die gleiche Gültigkeit. Aus verschiedenen Gründen. Nicht zuletzt, weil die erzählende Prosa ein spätes, schon bürgerliches Kind der Musen ist, die Lyrik aber noch ihre metaphysisch bestimmte Erstgeburt: Ihre Erkenntnismethoden unterscheiden sich grundsätzlich.

Das Gedicht stellt ja nicht mittels seiner Form für den Leser einen unbewußt-tröstlichen Sinn her wie die Prosa, in der die Dramaturgie des Schreibens feste Bezüge und Beziehungen schafft: Ein enges Netz von Kommunikation. Und mit den Hauptfiguren Einladungen zur Identifikation für den Leser, der, indem er sich identifiziert, alles Geschehen auf sich gerichtet sieht – auch wenn es tragisch und tödlich ausgeht. Im Gegensatz dazu präsentiert das Gedicht überhaupt keine Einladung. Das ist schon manchem aufgefallen, und die Klage über den »Schwierigkeitsgrad« moderner Lyrik resultiert aus eben diesem erwähnten Umstand. Wie oft habe ich selber die Frage vernommen: Warum schreiben Sie nicht einfacher und verständlicher, was Sie sagen wollen? Nun – was ich zu sagen habe, läßt sich eben nur mit bestimmten sprachlichen Elementarteilen vermitteln, die wiederum gekoppelt sind an die Methode des Erkenntnisgewinns, wobei Erkenntnis hier nicht im wissenschaftlichen Sinn gemeint ist. Versuchen wir es mit einem fragwürdigen Vergleich. Angenommen, Sie geständen Ihrem Partner oder Ihrer Partnerin, was Sie bei seinem, ihrem Anblick empfinden – den Ablauf der biologischen Motorik in der medizinischen Terminologie, von der Adrenalin-Ausschüttung und der erhöhten Pulsfrequenz bis zur Sekretion der Hormondrüsen, statt ungenau zu sagen, daß Sie ihn oder sie lieben. Glauben Sie, mit dieser Exaktheit beschrieben zu haben, was Sie innerlich bewegt? Es gibt sehr vieles zwischen Himmel und Erde, das sich merkwürdigerweise durch Umschreibung und Vagheit genauer ausdrücken läßt, als nennte man es direkt beim Namen, der noch häufig genug vom alltäglichen Gebrauch entfärbt und verbraucht ist. Die Ursprünglichkeit zu evozieren, bedarf es schon einiger Mühe, weil sie sich nicht mehr leicht herstellt. Wir haben uns schon weit von ihr entfernt.

Das zeitgenössische Gedicht ist auch darum kompliziert, weil es eben strukturell den Zustand des Zeitgenossen ausdrückt. Es mußte ja deswegen zwangsläufig auf die Sinnfälligkeit überlieferter Formen verzichten oder sie zumindest deformieren, gerade weil es sich einer Erfahrungswirklichkeit auch strukturell nicht verschließen konnte, in der die lange bekannten und gewohnten Daseinsformen zerfielen. Es hat mit seinem eigenen Zerfall darauf geantwortet. Es hat Konsequenzen ziehen müssen, so einschneidend, wie sie ähnlich in der Bildenden Kunst gezogen wurden. Es hat auf den größeren Teil seines Publikums verzichtet, um seiner Funktion, über die wir noch reden werden, treu bleiben zu können.

Das herkömmliche Gedicht war in die Gefahr geraten, zu einem Mechanismus zu werden, aus dem das Essentielle durch die Mechanik verdrängt worden wäre. Freilich – ganz ist das Gedicht diesem drohenden Ende nicht entgan-

gen. In einer Welt, in einer Gesellschaft, deren Ordnungs-
faktoren mehr und mehr industriell vorgefertigt erschie-
nen, glich sich das Gedicht teilweise und zeitweise dem
Maschinenunwesen an und nannte sich konkrete Poesie.
Ihr besserer Teil widerstand diesem neuen Konformismus-
druck. 1967 veröffentlichte Lars Gustafsson ein Gedicht,
das sich heute im Rückblick anders liest als seinerzeit. Es ist
inzwischen nur zu wahr geworden, wie eine sich selbst
erfüllende Prophezeiung.

Die Bergwerke im Harz anno 1723

Der Kupferstich wimmelt von Leuten. Menschen,
klein wie Fliegen, fahren auf und ab in den Körben,
und »La Grande Machine«, Abbildung Ziffer j,
neben dem sprudelnden Wasserfall, treibt alle Riemen an.
Es wäre ohne weiteres denkbar,
Dampfmaschine und Kunstgezeug,
Heronskugel und Voltasäule
zu kombinieren. Niemand hat das getan.
Möglichkeiten als Überbleibsel.
Eine fremde Sprache, die nie jemand sprach.

Und genau genommen ist die Grammatik
selber eine Maschine,
die unter unzähligen Sequenzen
das Gebrabbel der Kommunikation auswirft:
die »Fortpflanzungswerkzeuge«, die »Zeugungslieder«,
die »Schreie«, das »erstickte Geflüster«.

Wenn die Wörter verschwunden sind, bleibt die
    Grammatik zurück,
und das heißt: eine Maschine. Doch was sie bedeutet,
weiß niemand.
Eine fremde Sprache.

Eine durchaus fremde Sprache.
Eine durchaus fremde Sprache.
Eine durchaus fremde Sprache.

Der Kupferstich wimmelt von Leuten. Wörter,
klein wie Fliegen, fahren auf und ab in den Körben,
und »La Grande Machine«, Abbildung Ziffer j,
neben dem sprudelnden Wasserfall, treibt alle Riemen an.

Dieses Gedicht bezieht sich weniger auf den Ausgangs-
punkt, den Kupferstich, als vielmehr auf eine Erfahrungs-
wirklichkeit, die zu unser aller geworden ist. Eine Ma-
schine, deren Bedeutung wir nicht begreifen, bestimmt
unsere Bewegungen und unsere Sprache.

Beide, Menschen wie Wörter, sind reduziert auf den Um-
fang und die Wichtigkeit von Fliegen. Wir sind gegenüber
der Maschine, der neuen Hegemonialmacht und Königin,
zu Insekten geschrumpft: Ein Mensch, wie stolz das klingt,
das läßt sich weder literarisch noch erfahrungswirklich
aufrechterhalten. Gustafssons Gedicht, das eher spielerisch
mit seinem Thema umgeht, ist ihm unter der Hand zum
Menetekel geworden.

Aber das halb luzide und halb geistesabwesende Bewußt-
sein, das sich seiner Umwelt fast botanisch geöffnet hat,
resorbierte eine Realität, die solcherart noch nicht Allge-
meingut war.

Was sich zur Zeit der Entstehung dieses Gedichtes erst
abzeichnete, ist inzwischen zur Voraussetzung der Kata-
strophe geworden. Und es beweist damit, daß es keinen
befriedigenden, struktural geprägten Sinn neben oder
außerhalb der Erfahrungswirklichkeit besitzt. Es ist der
adäquate Reflex eben dieser Wirklichkeit, ohne jegliche

Kompensation. Nur seine Sprache entspricht nicht dem »Gebrabbel der Kommunikation«, sondern unternimmt es, dem Rhythmus des technischen Vorganges zu folgen und dadurch das Fremde und Unheimliche zu verdeutlichen. Man könnte es als Idylle des Schreckens bezeichnen, als Vision, wie sie in Druckwerken des 18. und 19. Jahrhunderts überreichlich auftauchte, ohne als solche erkannt zu werden. So kommt auch dieses Gedicht als Warnung zu spät. Aber das scheint das Schicksal aller Literatur.

Wir brauchen bloß an Kafkas Romane und Geschichten zu denken, die wir »richtig« begriffen, als die Wirklichkeit sie längst eingeholt hatte. Erst als wir selber der Beamtenschaft des Schlosses ausgeliefert waren und wußten, daß wir berufungslos verurteilt seien, merkten wir, in welch »kafkaesker« Situation wir steckten – allerdings war diese Einsicht da bereits völlig nutzlos.

Nur: In der Warnung vor der »schönen, neuen Welt« geht ein Gedicht wie das von Gustafsson nicht auf. Wir, als augenblicklich Betroffene, lesen es jetzt, aber wir sollten daran denken, daß unsere Lesart nicht die allein unseligmachende zu sein braucht. Ein entscheidendes Charakteristikum des Gedichts besteht ja in seiner Oszillation. Es erzeugt keinen ganz eindeutigen »Sinn«. Im Gedicht steckt, was Edgar Allan Poe in seiner »Philosophie der Komposition«, seinem Arbeitsberichts über die Entstehung des Gedichts »Der Rabe«, »eine unbestimmte Unterströmung von Bedeutsamkeit« genannt hat. Falls nun diese Unterströmung für eine bestimmte Wortgruppe schiffbar gemacht wird, mag sich der Leser ihr anvertrauen, aber er wird sie bis zu einem gewissen Grad doch in seinem Sinne zu lenken suchen.

Daraus resultiert ja das Phänomen, daß ein sprachliches Gebilde, das einer individuellen Biographie entstammt, einer persönlichen Daseinssphäre und einer den allgemeinen Konsens negierenden Sehweise, dennoch verständlich wird. Und nicht allein das: Es wird sogar psychisch nachvollziehbar, als wären wir alle von der Stange oder Gustafssonsche Fliegen. Und die Nachvollziehbarkeit entsteht dadurch, daß, wie ich glaube, die »Unterströmung von Bedeutsamkeit« im Leser Assoziationen verschiedener Art freisetzt, die er in das lockere Gewebe des Gedichtes einbringt. Und der Sinn, den der Leser vermißt oder befriedigt wahrnimmt, ist vermutlich auch nichts weiter als seine eigene Sinn-Projektion auf das Druckerzeugnis. Denn der »Sinn« des Gedichts kann nur das Gedicht selber sein, jeder sekundär ihm zugerechnete aber wahrscheinlich eine Selbsttäuschung, ein Stück Ideologie.

Günther Anders fragt im zweiten Band seiner »Antiquiertheit des Menschen« in einem anderen, doch auch uns betreffenden Zusammenhang nach der Herkunft, nach der Entstehung von »Sinn«, um zu erwidern:

»Fragen wir erst einmal, um uns zu orientieren, nach welchem (oder wessen) Sinn *niemals* gefragt wird. Ganz pauschal können wir darauf erst einmal . . . antworten: *Niemals nach dem Sinn von ›Positivem‹.* Niemals, mindestens kaum je, ist gefragt worden, wozu es die Welt als ganze gebe, welches ihr ›Sinn‹ sei (wenn die Philosophen auch über deren Existenz oder Kontingenz aufs tiefste beunruhigt waren).

Oder wozu Leben existiere? Oder wozu dieses oder jenes Volk? Oder Eichbäume oder Mücken oder Quallen? Oder gar *diese* Mücke oder *diese* Qualle?

Oder gar, welchen Sinn *dieser* oder *jener* Zwischenfall im Leben *dieser* oder *jener* Qualle habe. Wer so gefragt hätte, wäre gewiß als irrsinnig betrachtet worden. Warum eigentlich? Denn es gibt ja etwas Positives, das man auf seinen Sinn hin befragte, und das auf seinen Sinn hin zu befragen nicht als sinnlos gilt: nämlich den *Menschen*. Offensichtlich war der Sinn von Sinn, da man nach der Rolle des Menschen im Kosmos, nicht dagegen nach der der Mücke fragte, *anthropologisch eingeengt.* Geistesgeschichtlich ist dieser Anthropozentrismus allerdings leicht erklärbar, nämlich durch Rückverweisung auf die auch heute noch lebende Anthropologie des Alten Testaments, die den Menschen nicht nur als Herrscher über alles heraushob, sondern auch als dasjenige Wesen, für das alle anderen Wesen geschaffen worden sind, und das dadurch auch *deren* ›Sinn‹ ist. Wenn man dieses Sinn-Monopol statt mit den Augen des Geisteswissenschaftlers mit denen des Naturwissenschaftlers, z. B. eines Darwinisten ansieht, dann wirkt es freilich einfach albern. Ernsthaft kann doch niemand glauben, daß etwas so Fundamentales wie ›Sinn› gewissermaßen als kontingentes Attribut ausgerechnet und ausschließlich derjenigen unter den Millionen Spezies, der man zufällig selbst zugehört, zukommen soll; daß *die Menschheit gewissermaßen als ›auserwähltes Volk‹ unter allem Seienden,* als einziges genos in das metaphysisch ›gute Töpfchen‹ gehöre, während sich die Millionen von anderen Spezies und Lebewesen, von der Amöbe bis zum Walfisch, von den Pflanzen ganz zu schweigen, damit abfinden müssen, sich im metaphysisch ›schlechten Töpfchen‹: dem der Nicht-Sinnträger, zusammenpferchen zu lassen.«

Daraus geht hervor, daß »Sinn« etwas höchst Künstliches ist, das sein Scheinleben darum auch zu Recht nur in der Kunst führt – zumindest in jener, auf die die Enzensbergersche Hypothese zutrifft. Nach dem »Sinn« des Gedichts zu fragen, sollten wir uns daher schenken. Bei unserer eingangs heimtückisch falsch gestellten Frage, was das sei, das Gedicht, und der Wiedergabe möglicher und einschlägiger Antworten, haben wir uns absichtlich der Täuschung und unabsichtlich auch der Selbsttäuschung schuldig gemacht. Wir haben so etwas wie die Heisenbergsche

Unschärfe-Relation erlebt, bei der das untersuchte Objekt durch das zur Untersuchung verwendete Instrumentarium verzerrt und unkenntlich wird. Ich bin mir ganz sicher, daß diese Unschärfe-Relation in Hinsicht auf das Gedicht tatsächlich existiert. Erinnern wir uns nur all der Gedichtinterpretationen, die wir gelesen oder sonstwie erduldet haben. Selbst die scharfsinnigste und überzeugendste hat zu schlechter Letzt etwas zutage gefördert, was ja wohl nicht das Gedicht sein konnte. Das liegt eben daran, daß das Gedicht nicht ins Umgangssprachliche oder Terminologische übersetzbar ist. Jeder Versuch, es aufzubrechen, muß scheitern. Dieser Umstand schafft natürlich das manchmal sogar bösartige Forschen nach der Absicht des Autors, nach dem »Sinn« des Gedichts, nach seinem Zweck, nach seiner Verständlichkeit, nach einer »Zielgruppe« – was wohl die allerunsinnigste Erkundigung ist. Aber an diesen literarischen Verhörpraktiken kann man deutlich erkennen, daß das Gedicht als Gedicht nicht zu fassen ist. Oder nur in seiner eigenen Manier. Aber das ergäbe ein neues Gedicht.

Falls wir zum Beispiel die Poetiken und poetologischen Statements der Dichter lesen, und ich empfehle hier, das zu tun, so staunen wir darüber, wie viele der Autoren bei der Darlegung ihrer dichterischen Prinzipien ins Metaphorische »abgleiten«. Wobei ich meine, daß es sich nicht um ein Abgleiten handelt, sondern nur um die Unmöglichkeit, das Gedicht – sagen wir mal »als solches« – erschöpfend zu beschreiben. Wir müssen uns damit abfinden, daß wir etwas Definitives über das Gedicht kaum zu erfahren vermögen. Wir können nur in uns selber eine mehr oder weniger praktikable Vorstellung vom Gedicht ausbilden. Ich wage sogar die Behauptung, daß die Unmöglichkeit einer vollständigen Aufhellung des Sachverhaltes »Gedicht« seine Fortdauer überhaupt erst bewirkt. Alles gänz-

lich Erschlossene, bis zum Bodensatz geklärte und Enträt-
selte fällt sofort der Gleichgültigkeit und dem berechtigten
Vergessen anheim.

Worüber wir jedoch verhandeln können, ist die Bedeu-
tung des Gedichts, von der bereits die Rede war. Und wir
können uns über die Funktion des Gedichts unterhalten.
Bei dieser Unterhaltung würden wir wahrscheinlich ent-
decken, daß dem Gedicht gegenwärtig nur eine primäre
Funktion zukommt: sich der Funktionalität zu entziehen,
die alle sonstigen gesellschaftlichen und privaten Bereiche
befallen hat. Seit langem hat es andere Funktionen einge-
stellt: es unterhält nicht und belehrt nicht, informiert
nicht, moralisiert nicht, philosophiert nicht, vermittelt
keine Verhaltensweise und klärt nicht auf. Und verweigert
sich so bis zu einem gewissen Grade der Gemeinschaft, in
deren Mitte es entsteht. Mit der wachsenden und uns
überwältigenden Instrumentalisierung der Gesellschaft,
die sich immer rascher und immer unaufhaltsamer in »La
Grande Machine« verwandelt, wurde das Gedicht herme-
tischer, solitärer, elitärer.

Bis zur Mitte des 19. Jahrhunderts etwa stellte das Ge-
dicht durchaus ein Substrat von Selbstbewußtsein der Ge-
sellschaft dar, egal ob die Gedichte kritisch oder affirmativ,
von Heine oder von Platen waren. Doch erst als mit dem
Aufwuchern der Industrie die Disziplinierung und Kon-
ditionierung aller sich vollzog und das Denken und Urtei-
len und Werten immer stärker von der ökonomischen und
technischen Effizienz gesteuert wurde, mußte das Gedicht,
das da nicht mithalten konnte, verschwinden. Oder sich
gründlich verändern. Am Beginn dieser Veränderung ste-
hen die großen Dichter Poe, Baudelaire, Verlaine, Rim-
baud, die selbst noch ihr Dasein zum Gegenbild einer
tödlichen »Normalität« stilisieren.

Gegen diese Entwicklung der industriellen Zivilisation, gegen den Fortschritt, der sich jeden Lebensbereich integriert, um seine Verläufe zu fördern, sperrt sich das Gedicht und reflektiert sie dennoch als Erfahrung des Subjekts. Es will nicht länger ein Ventil für die seelische Ventilation des Lesers sein. Es will und kann ihn nicht mehr erbauen und erheben und trösten und ihn mitten im alles verschlingenden Chaos feiertäglich stimmen, ihm die weltliche Transzendenz anempfehlen, wo der Verzweiflungsausbruch nötiger wäre. Eine Dichtung, treu der Tradition und den traditionellen Werten, hätte nichts anderes bewirkt, als die Spaltung des Individuums zu vertiefen und zugleich zu überdecken, indem sie sie dem Bewußtsein entzogen haben würde: Im Kopf des Lesers ein Schrebergarten voller bunter Papierblumen.

Das Gedicht jedoch, das sich den alten Lesegewohnheiten gegenüber bis zur Unverständlichkeit, nein, bis zum Skandalon verwandelt hatte, wurde selber zum Hinweis auf das Verwandeltwerden. Es zeigte die Verwandlung der vielen in viele einzelne, und wiederum des einzelnen in einen seelischen und geistigen Krüppel. Wovon das Gedicht von da an auch immer sprach, der Gesamtzustand von innerer Leere und äußerlichem leeren Betrieb war stets mitgemeint. Nur außerordentliche Momente, extreme Situationen durchbrachen die Monotonie, deren Ablauf und Tempo von der Maschine bestimmt wurde. Wir haben uns schon der »Grande Machine« unterworfen und erkennen vielleicht für einen kurzen Augenblick durch die ungefärbte Optik des Gedichts, wie sie immer mehr zu einer »Doomsday-Machine« wird. Sie produziert alle uns übergeordneten Systeme, von denen wir eingesponnen werden; zuletzt bleibt eine ausgeblutete Hülle übrig, deren Inhaltslosigkeit wir bejammern. In Nicolas Borns Gedicht »Entsorgt« heißt es: »Wir hängen am Tropf der Systeme ...« – genauer läßt sich unsere Abhängigkeit nicht formulieren. Wir sehnen uns nach einem »wirklichen« Leben und sind doch ohne den Tropf lebensunfähig.

Wenn wir die Sintflut unseres Titels in bezug zur Realität verstehen wollen, dann als ein Bild für eben diese Abhängigkeit, in der wir unterzugehen drohen, und die die Voraussetzung für den endgültigen Ausklang bildet. Denn unsere Abhängigkeit von den Systemen hindert uns, die Systeme aufzugeben. Obwohl wir wissen, was sie uns zufügen, wie sie uns zurichten und abtöten, sind wir ihnen dennoch verfallen. Wir versinken auf Nimmerwiedersehen in der Abhängigkeit von Regelmechanismen, die wir selber geschaffen haben. Uns ergeht es wie dem Zauberlehrling, zu dessen Entsetzen sich seine vorgeblichen Helfer vervielfachen. Nur besitzen wir nach rund anderthalb Jahrhunderten nicht mehr den Optimismus, der unser Gedicht gut ausgehen ließe: »In die Ecke, Besen, Besen – seid's gewesen! Denn als Geister/ Ruft euch nur, zu diesem Zwecke, Erst hervor der alte Meister.« Auf solche Personifikationen eines Glaubens an letztliche Rettung zu setzen, haben wir verlernt. Der Glaube an das Rettende in letzter Minute ist von der Erfahrungswirklichkeit zu oft widerlegt worden. So beschleicht uns der Verdacht, daß möglicherweise angesichts der heraufdämmernden, zumindest partialen Weltuntergänge die Literatur uns nicht mehr viel zu bieten vermag. Das Gedicht als Exerzitium des Sichverweigerns kann nur als mindere Kraft betrachtet werden, da es seine Wirkung unfreiwillig selbst beschränkt.

Das Gedicht – eine Arche Noah? Höchstens doch in Taschenausgabe. Etwas wie eine Flaschenpost: dieser banale und abgenutzte Vergleich ist nur zu wahr. Es enthält, wenn auch nicht wörtlich, eine Botschaft über unsere in-

nere und äußere Befindlichkeit, ein kompetente Selbstdia-
gnose, ohne die Konsequenz einer Therapie. Als fixiertes
dialektisches Ereignis hebt es sich im Hegelschen Sinne
selber auf. Es bedeutet etwas und zugleich nichts. Das aber
scheint mir der Widerspruch zu sein, in dem sich jeder und
jegliches befindet.

Lassen Sie mich zum Schluß noch ein Gedicht vorlesen,
diesmal ein eigenes, das auf seine Weise dieser unveränder-
baren Gegebenheit Rechnung trägt:

Die Gedichte

Ziemlich schwebende Gebilde
aber gleichen sie nicht Hohn
über soviel Elend und Tötungen
über dem stillen Sterben
das alle Welt ergreift
Urwälder Einwohner Elefanten
Schwärme im Meer
und in der Luft und sogar
die Luft selber
Kennzeichnendes Spiel
steigender und fallender Worte
Kadenzen
von denen kein Armer reich
kein Reicher klüger
kein Kluger
zum rechten Handeln befähigt wird

Schwebende Gebilde wie Rauch
ein Spiel wie von Feuer
während darunter
das Holz sich sinnlos verzehrt.

2

Lebenslinie

Die Antriebe des Schreibens sind mehr oder weniger verborgen. Manchmal sogar für den, der an ihnen laboriert wie an einer chronischen Krankheit. Warum schreibt man eigentlich? Eine Frage, die dem Autor vom lesenden Publikum wieder und wieder gestellt wird. Befriedigend zu beantworten ist sie nicht. In vielen Anläufen habe ich versucht, eine Antwort zu geben, auch mir selber. Und ich bin auch nicht viel weiter gekommen als bis zu den üblichen Formeln. Etwa daß Gedichteschreiben ein Vorgang ist, in dem eine Manie und ihre Behandlung zusammenfallen. Das Gedicht wäre dann das Symptom. Ich weiß, daß solche Erklärung im Telegrammstil wenig Wert besitzt. Ich weiß auch, daß der Leser eine »tiefergehende« Einsicht erwartet, in der rationale Gründe vorherrschen. Der Autor möge doch zugeben, er habe sich zum Schreiben entschlossen, um die Menschheit wachzurütteln. Und wenn schon nicht die Menschheit, dann wenigstens seine ihm erreichbaren Mitbürger. Der Leser erwartet also immer noch das, was man früher »edle« Motive nannte, aber damit kann der Autor nicht dienen. Er ist ein Kind seiner Zeit, wie alle anderen auch, und von eben dieser Zeit meist stiefmütterlich behandelt. Seine literarischen Arbeiten stellen nichts weiter dar als seine Form des Reagierens.

Ich will an einem Beispiel, das ich selber bin, zeigen, wie im einzelnen solche Reaktionen aussehen. Welche Gedichte welcher Zeit entsprechen und welchem Befinden. Dazu kehre ich zu meinen frühen Übungen zurück. Am Anfang stand die Hoffnung, und zwar eine, die auf Überschätzung der menschlichen Einsichtsfähigkeit beruhte.

Nach dem Krieg und seinen globalen Schrecken schien die Annahme berechtigt, die Menschen hätten eine Lektion erhalten, aus der sie unabweisliche Konsequenzen ziehen würden. Die Ungeheuerlichkeiten des Dritten Reiches und der erste Atombombenabwurf sollten genügt haben, um den Verzicht auf jede Gewalt selbstverständlich zu machen. Wir glaubten naiverweise, es müsse von nun an sofort alles ganz anders werden. Worauf es zuallererst ankam, war, den Zusammenbruch zu überwinden, wiederaufzubauen, und nicht nur die zerstörten Städte, sondern vor allem eine bessere, nämlich freiere, gerechtere, friedlichere Gemeinschaft. Dazu fühlte man sich aufgerufen. Man empfand es als moralische Verpflichtung, sich dem Gemeinwohl zu unterwerfen. Die Utopie schien sich verwirklichen zu wollen. Nur ein kleiner Schritt war noch notwendig, um eine neue Gesellschaft zu betreten. Nicht zufällig hieß eines der erfolgreichsten Theaterstücke jener Tage »Wir heißen euch hoffen«. Doch dieser Aufforderung bedurfte es gar nicht erst, um sich den schönsten Illusionen hinzugeben. Die als »licht« bezeichnete Zukunft rückte unaufhaltsam näher. Ich rufe uns diese Situation so ausführlich ins Gedächtnis, um zu erläutern, was meine Ausgangsbasis war. »Didaktik« war das Schlüsselwort der neuen Literatur. Man akzeptierte es unbefragt. Unpolitisch wollte man nie wieder sein, und politisch sein hieß: agitatorisch und aufklärerisch. Selbstverständlich machte ich keine Ausnahme. Ich schrieb zum Beispiel folgenden Text:

Erst dann

Erst wenn du,
Maurer,
sagen kannst:
Dieses Haus habe ich gebaut;
es ist nicht mehr zu zerstören –
hast du
deine Arbeit abgeschlossen.

Erst wenn du,
Dreher,
sagen kannst:
Dieses Gewehr habe ich gemacht;
es wird keine Kinder mehr treffen –
hast du
deine Arbeit recht geschafft.

Und erst wenn du,
Bürger,
sagen kannst:
Dieses Land habe ich mitgeformt;
es hungert niemand mehr darin.
Erst dann
hast du
deine Arbeit getan.

Diese gedankliche Simplizität hat mich über Jahre und Jahrzehnte hinweg verfolgt, mit der Hartnäckigkeit von Erynnien. Keine repräsentative Anthologie in der DDR ohne diesen Text, dessen Zeitabhängigkeit immer deutlicher hervortrat. Dieser pathetische Gestus, Anruf und Aufforderung in einem, beherrschte damals einen großen Teil meiner Arbeiten. Daneben aber entstand zu meiner eigenen Verwunderung anderes, das meinem sich politisch verstehenden Bewußtsein gar nicht entsprach. Erst später wurde mir klar, daß dieses Nebeneinander unterschiedlicher, sogar gegensätzlicher Denkweisen die prinzipielle Fragmentierung des menschlichen Bewußtseins widerspiegelt. Einerseits schrieb ich Gedichte, die auf Gemeinsamkeit und Kollektivität pochten, wie das folgende:

Für mehr als mich

Ich bin ein Sucher
eines Weges
zu allem was mehr ist
als Stoffwechsel
Blutkreislauf
Nahrungsaufnahme
Zellenzerfall

Ich bin ein Sucher
eines Weges
der breiter ist
als ich

Nicht zu schmal
Kein Ein-Mann-Weg
Aber auch keine
staubige, tausendmal
überlaufene Bahn

Ich bin ein Sucher
eines Weges
Sucher eines Weges
für mehr
als mich.

Ich fürchte, selbst in solchem Gedicht war ich von der erforderlichen ideologischen Vollkommenheit weit entfernt. Das Suchen stand im Vordergrund, also der Weg, nicht das Ziel. Obwohl meine gesellschaftlichen Zielvorstellungen mit den offiziell propagierten übereinstimmten, tauchte das Ziel als erreichter Zustand nie auf. Es verharrte im Zustand der Verheißung, bis ich es später aus gutem Grund ganz aus den Augen verlor.

Andererseits entstanden satirisch pointierte Texte wie dieser:

Wenn ihr mal kniet vor einem

Auf diesem Stein
saß William der Eroberer
und später Napoleon.
Es hockten Saint-Just
auf ihm und zwei längst
vergessene Könige – ein
fünfter und ein sechzehnter.

Vergeßt bitte nicht,
daß der Stein jeweils durch
einen lebendigen Hintern
erwärmt wurde.

Nicht durch einen Namen.

Ein spruchartiges Gebilde, das in die Epoche wuchernden Personenkultes nicht recht passen wollte. Er war ein Produkt meiner frühen und keineswegs durch politische Analyse gewonnenen Skepsis. Ich war nur ein vom deutschen Faschismus gebranntes Kind, dessen Mißtrauen sich zum Instinkt ausgebildet hatte. Vor der kritiklosen Hingabe an den neuen Gott, nachdem eben erst gerade einer gestürzt worden war, bewahrte mich außerdem meine Lektüre. Während kurz vorher noch »Jagdgeschwader Mölders« zum allgemeinen Lesestoff zählte oder Dinters antisemitische Schwarte »Die Sünde wider das Blut«, hatte ich bei Erich Kästner lesen gelernt, bei Heinrich Heine, bei Erich Weinert und in »Panzerkreuzer Potemkin«, dessen rote Matrosen ich in den Berlin besetzenden Sowjettruppen wiederzusehen erwartete.

Man konnte nicht von Kurt Tucholsky und Heinrich Mann beeinflußt sein, um anschließend hymnisch und blindlings den »größten Führer des Weltproletariats« zu feiern. Dazu hätte man sich selber aufgeben müssen, was sicherlich sehr leicht gewesen wäre. Doch zugleich bedarf es immer wieder großer Energien, sich unaufhörlich die Notwendigkeit solcher Selbstaufgabe einzureden und sie durchzuhalten. Mühe, die das Talent aufzehrt, wofür es genug literaturgeschichtliche Beispiele gibt. Darum ist nichts Leichtes so schwer zu vollziehen, wie sich selbst aufzugeben: für mich war es unmöglich. Freilich nicht aus Hochmut oder Ethos – mich hinderte ganz einfach eine psychische Sperre an der Hingabe, weil meine Hingebungsfähigkeit niemals entwickelt worden war.

Unter den frühen Gedichten stehen einige, die wie Hinweise auf weitaus spätere klingen. Eines davon möchte ich vortragen:

Noch ist es nicht soweit

Es gibt einen Abend,
der hat kein Ende,
da die Zeiger der Uhr
stillstehen,
da der Gast
auf dem Weg zum Besuch
eingeschlafen ist
und mit der Bahn
einen Kreis
um die Stadt fährt
Ein kleines Warten
ist im Abend,
der kein Ende hat.

Ein niemals kennbares
Warten
auf einen Beschluß
für alles.

Aber noch ist es nicht soweit.
Vorher muß noch
in alten Kästen gekramt
werden,
und die Tischdecke muß
glattgestrichen sein
und ein Knopf angenäht,
sonst kann der Abend
nicht zu einem Ende gehen,
das keines ist.

Heute dechiffriere ich diesen Text als Vorankündigung. Die Sinnlosigkeit jeglicher Existenz wird hier zum ersten Male thematisiert, ohne daß ich mir damals über das Entscheidende dieses Gedichts klar geworden wäre. Im Gegensatz zu den anderen zitierten Gedichten, deren Ursprung der Überzeugungswille war, ist in diesem letzten einer Stimmung nachgegeben worden. Aber diese Stimmung, eine großstädtische Abendstimmung, artikuliert sich nicht unverbindlich romantisch, sondern – man verzeihe das Wort – *existentiell.* Hier fährt der Gast in der Bahn schlafend einen Kreis um die Stadt, ohne vermutlich jemals ihr Zentrum zu erreichen. Die modifizierte und technisch modernisierte Analogie liefert heute mein Kollege Thomas Brasch dazu, wo es in dem Gedicht über die Motorradfahrer resümierend heißt: Wir fahren im Kreis. Und weil wir so im Kreis fahren, bin ich auch zu diesem frühen Gedicht und seiner Bedeutung zurückgekommen.

Aufgewachsen war ich in Angst vor dem und im Widerwillen gegen den Nazismus. Das Ergebnis war eine um so stärkere Hinneigung zu allem, was sich links nannte, sozialistisch, kommunistisch, antifaschistisch. Kein Wunder, daß diese mächtigen Ismen und die sie begleitenden Symbole als ersehnte Realität zu fungieren hatten. Alle diese

Vokabeln und Symbole garantierten die künftige bessere Welt, die nach dem Dritten Reich kommen mußte wie das gelobte Land für die Kinder Israels.

Darum, nehme ich an, dauerte es dann ziemlich lange, vielleicht gar zu lange, bis Schein und Sein sich trennten, bis das Ideal von der Wirklichkeit abfiel, als sei das Ideal nur deren attraktive Verpackung gewesen.

Seit Mitte der fünfziger Jahre verlor mein Gedicht sozusagen seinen »Lehrauftrag«. Es behielt aber seinen polemischen Zug bei, auch seine Tendenz zur Pointe, die dem Einfluß jener großen deutschen Satiriker zuzurechnen ist, die ich hoch schätzte.

Es geschah, daß mein Gedicht den Adressaten wechselte. Vordem hatte es sich mit großer Geste an ein fiktives »Ihr« gewandt, als spräche es zu Menschenmassen. Jetzt richteten sich die Gedichte mehr und mehr an ein »Du«, das nicht etwa einen einzelnen Leser meinte, vielmehr sich auf den Autor selber bezog. Diese Gedichte dienten der Selbstverständigung, ohne jedoch den Leser auszuschließen, der möglicherweise in der gleichen Lage war. Einer Lage, in der sein Sinnbedürfnis nicht gestillt wurde; in der ihm der Zweck seines individuellen Lebens damit erklärt wurde, daß er als Steinchen für die gigantischen Bauten zu dienen habe, in denen die künftigen Generationen wohnen würden. Aber das versprochene Glück für die Kindeskinder hilft gegen das eigene Unglück wenig. Notwendigerweise wurden die Fragen dringlicher, je weiter die Befriedigung der eigenen Bedürfnisse und Wünsche vertagt wurde. Etwas wie eine neuerliche Individualisierung setzte in der DDR ein, und damit vergrößerte sich die Kluft zwischen dem Einzelnen und der Gesellschaft rapide. In dieser Zeit entstanden

nahezu aphoristisch formulierte Sprüche, in denen der
Konflikt sich widerspiegelte.

Dazu einige Beispiele:

Empfehlung

sich nicht zu ducken:
Das Schiff liefe nicht vorwärts
stünde nicht aufrecht im Wind
das Segel.

Als unnötigen Luxus

herzustellen verbot was die Leute
Lampen nennen
König Tharsos von Xantos der
von Geburt
Blinde.

In den Herzkammern der Echos

sitzen Beamte. Jeder
Hilferuf hallt
gestempelt zurück.

Unterschiede

Betrübt höre ich einen Namen aufrufen:
Nicht den meinigen.
Aufatmend
höre ich einen Namen aufrufen:
Nicht den meinigen.

Nur zu bald sollte mein Name aufgerufen werden, und
zwar in einem Zusammenhang, der mich verängstigte. Es
war eher ein Bannstrahl, dessen Kraft nie gänzlich erlosch.

Etwas blieb an dem Dichter solcher kritischen Sprüche hängen, das nicht wieder abzuwaschen gewesen ist.

Obschon die Jahre 1953, 1956 und 1961 hinter uns lagen und jedermann unüberhörbare Lehren erteilt hatten, unterschieden sich die Schlußfolgerungen aus diesen Lehren extrem voneinander. Der einst nach dem Kriege für überholt gegoltene Gegensatz von Geist und Macht hatte sich unaufhaltsam wiederhergestellt und bestimmte die erwähnten Schlußfolgerungen. Die Gründe dafür sind höchst einfach.

Literatur beweist sich stets als ein Akt praktizierter Moral.

Ohne Moral zu predigen, ist sie immer schon moralisch, sobald sie äußert, was sie selber *ihre Wahrheit* nennt. Diese Wahrheit ist die Wahrheit des Autors über sich als ein gesellschaftlich bedingtes Individuum. In diese Wahrheit fließen viele Einzelwahrheiten über die Umwelt des Autors ein, da ja zwischen beiden eine Art unauflöslicher, meist nicht sehr glücklicher Ehe besteht.

Die Macht, verantwortlich für den Zustand dieser Umwelt, muß sich durch die Wahrheit des Autors getroffen und attackiert sehen. Sie, die immer ihre Verantwortlichkeit betont und hütet, weigert sich in dem Moment, wo sie jene tragen soll, sie auch zu übernehmen. Sie tut, was der Autor nicht kann: sie zieht sich aus ihrer Verantwortung zurück. Und da sie außerdem von der Taktik und Strategie ihrer eigenen Erhaltung bestimmt wird, muß sie sowieso zwangsläufig amoralisch agieren. Nicht unmoralisch, was sie ebenfalls häufig genug ist; sie erweist sich aber von Geburt an keiner Moral verpflichtet, sondern nur dem eigenen Bestand. Dieser grundsätzliche Unterschied zwischen Geist und Macht schien eine Weile vergessen und überdeckt, bis er mit doppelter Gewalt erneut auftrat, wie eine Rückfallserscheinung nach einer überstanden geglaubten Epidemie.

Den Triumph der Macht und die Folgen für den Unterlegenen schildere ich in einem balladesken Gedicht, einer Parabel. Die Parabel, nach deren »Wieso« und »Warum« man immer inquisitorisch fragt, als habe sie nur eine Schutzfunktion für den Autor, der hinter ihr unerreichbar wird, beruht auf umfassenderen Voraussetzungen. Wäre sie ausschließlich »Sklavensprache«, besäße sie unter gefahrlosen Umständen gar keine Bedeutung. Die hat sie aber doch, eben weil sie dem metaphorischen, bildhaften Sprechen des Gedichts unlöslich verbunden ist. Außerdem schafft sie übergreifende Gültigkeit. Was an den historischen Moment gefesselt sein mag, an einen bestimmten geographischen und sozialen Rahmen, wird durch die Parabel erweitert und verständlich gemacht. Die Parabel, wenn man das so verkürzt sagen kann, wäre die »Lingua franca« in der Literatur. Sie will weithin kapiert werden, und nicht nur von eingefleischten Liebhabern von Gedichten.

Meine Parabel von der Verwandlung eines Menschen, eines Ichs in einen Fisch, um Überleben zu garantieren, demonstriert geschichtliche Erfahrung und weist zusätzlich über bisherige Gegebenheiten hinaus. Ich möchte zum Vergleichszweck eine Keuner-Geschichte von Brecht anführen. Ich meine jene Anekdote, wo ein Agent der Macht bei Herrn Keuner erscheint und ihn fragt, ob er ihm dienen wolle. Herr Keuner, wehrlos, dient dem Agenten lange Jahre, bis der Agent eines Tages stirbt. Da wäscht Herr Keuner sich die Hände und sagt: »Nein«. Das täuscht vor, die Periode seiner Unterwerfung sei nicht mehr gewesen als eine äußerliche Beschmutzung, von der man sich restlos säubern kann. Diese Anekdote ist in zweierlei Hinsicht fragwürdig. Erstens bleibt ja weder der Einzelne noch die Gesellschaft von der Unterwerfung so unberührt, als daß danach ein unbeschwerter neuer Anfang einsetzen könnte. Zweitens negiert sie Vergangenheiten, die ihrer Aussage womöglich widersprächen. Wir wissen, die Unschuld des »Mitläufers« vor seiner zweifelhaften Beteiligung läßt sich sowenig erneuern wie die einer Jungfrau. Man kommt aus einer Tyrannei anders heraus, als man in sie hineingegangen ist – wobei die Frage nach der Freiwilligkeit gar nicht gestellt wird. Unsere Erfahrung, die sich in meiner Parabel ausprägt, stellt die völlige Rückverwandlung, die Wiederherstellung des vorherigen Status' in Frage. Hier das Gedicht:

Wie ich ein Fisch wurde

Am 27. Mai um drei Uhr hoben sich aus ihren Betten
Die Flüsse der Erde, und sie breiteten sich aus
Über das belebte Land. Um sich zu retten
Liefen oder fuhren die Bewohner zu den Bergen raus.

Als nachdem die Flüsse furchtbar aufgestanden,
Schoben sich die Ozeane donnernd übern Strand,
Und sie schluckten alles das, was noch vorhanden,
Ohne Unterschied, und das war allerhand.

Eine Weile konnten wir noch auf dem Wasser schwimmen,
Doch dann sackte einer nach dem andern ab.
Manche sangen noch ein Lied, und ihre schrillen Stimmen
Folgten den Ertrinkenden ins nasse Grab.

Kurz bevor die letzten Kräfte mich verließen,
Fiel mir ein, was man mich einst gelehrt:
Nur wer sich verändert, den wird nicht verdrießen
Die Veränderung, die seine Welt erfährt.

Leben heißt: Sich ohne Ende wandeln,
Wer am Alten hängt, der wird nicht alt.

So entschloß ich mich, sofort zu handeln,
Und das Wasser schien mir nicht mehr kalt.

Meine Arme dehnten sich zu breiten Flossen,
Grüne Schuppen wuchsen auf mir ohne Hast;
Als das Wasser mir auch noch den Mund verschlossen,
War dem neuen Element ich angepaßt.

Lasse mich durch dunkle Tiefen träge gleiten,
Und ich spüre nichts von Wellen oder Wind,
Aber fürchte jetzt die Trockenheiten,
Und daß einst das Wasser wiederum verrinnt.

Denn aufs neue wieder Mensch zu werden,
Wenn man's lange Zeit nicht mehr gewesen ist,
Das ist schwer für unsereins auf Erden,
Weil das Menschsein sich zu leicht vergißt.

Es endet im Zweifel. Und von heute aus gesehen, wirkt
dieser Zweifel nahezu optimistisch, da er immerhin impli-
ziert, man könne, wenn auch schwer, wieder Mensch wer-
den. Diesen meinen damaligen Optimismus teile ich heute
nicht mehr. Das Gedicht hat sich an einem fast »klassi-
schen« Menschenbild orientiert, das von der Entwicklung
überholt und zu den Akten gelegt worden ist.

Und was bedeutet es überhaupt, wieder Mensch werden
zu wollen? Ist denn solche Sehnsucht eigentlich mehr als
ein Ableger gängiger Nostalgie? Waren wir überhaupt
menschlicher, trotz unmenschlicher Zeiten? Fragen, die
schwerer zu beantworten sind als die des lesenden Arbei-
ters nach den Erbauern des siebentorigen Theben.

Worüber ein Gedicht wie das »Fisch«-Gedicht Auskunft
gibt, ist wahrscheinlich die Verringerung unserer Chancen
als Humanum. Es beschreibt nämlich durchgängig, wenn
auch metaphorisch, den Zwang zur Konformität, den

Druck des Konditioniertwerdens. Während in der Literatur bis weit in die Nachkriegszeit hinein die Reduktion des Menschen als eine äußerliche erscheint, nach deren Aufhören sich die alte Freiheit wieder einstellt, ein Bewußtwerden dessen, was einem angetan wurde, zeigt die gegenwärtige Literatur die Unglaubwürdigkeit und Unmöglichkeit der inneren Befreiung. Einmal Schräubchen, immer Schräubchen. Wer aus dem Arbeitsprozeß, der ein Prozeß gegen ihn ist, ausscheidet, erleidet mit dem Verlust der Arbeit häufig genug den seines Lebens. Die Arbeitswelt, der Ort des Zugerichtetwerdens, sollte einst mit den veränderten Besitzverhältnissen ein Platz der Menschlichkeit und Menschenfreundlichkeit werden. Diese Rechnung war ohne die Maschine gemacht, die sich wenig darum schert, wem sie gehört, und die den an sie Gefesselten hier wie da gleichermaßen verarbeitet. Angesichts dieser Aspekte erschien die überlieferte Literatur, erschien das traditionelle Gedicht anachronistisch und eine sogenannte »hohe« Sprache sogar lächerlich. Nur noch der Ton der Alltäglichkeit, das Melos unprätentiösen Sprechens paßte zu den Themen und Motiven, an denen das Gedicht nicht vorbeisehen konnte in eine »schönere« Welt oder in eine »bessere« Zukunft.

Und auch das resultierte keineswegs aus einer überlegeneren Sicht der Autoren oder gar einem genialen Vorverständnis für Zusammenhänge, vielmehr aus der persönlichen Betroffenheit. Nicht allein daß die Autoren den gleichen gesellschaftlichen Mechanismen unterworfen sind wie jedermann, sie sind dem Druck eher stärker ausgeliefert. Weil sie durch ihre Arbeit solchem Druck mehr Angriffsflächen bieten. Daher müssen viele Gedichte, um ihre Angriffsflächen zu verkleinern, mit Vortäuschungen arbeiten. Manches Gedicht gibt beispielsweise vor, es wisse genau Bescheid darüber, was zu einem zweckvollen und erfüllten Dasein gehöre, lauter Unglaubwürdigkeiten, bis es unerwartet die Dinge beim Namen nennt, um sich doch am Schluß wieder ins Allgemeinere zurückzuziehen. Ein Beispiel dafür wäre das Folgende:

Mängel

Man müßte Etruskisch können
oder fliegen doch ohne Gerät.
Auch drei Augen sähen mehr und eher
was hinter unserm Rücken geschieht:
nämlich das Wichtigere.
Wieso weben wir keine bewohnbaren Netze
aus unserem Schleim oder hausen
in Nestern über der Erde
jeder ein Phönix
der Asche seiner Kärglichkeit
frisch entschlüpft. Wir kennen das Glück
ganz genau und haben es niemals kennengelernt.
Wir könnten im Paradies leben
hätten wir bloß
keine feste Vorstellung davon. Menschen wären
wir
ohne Glauben an den Nutzen von Menschen:
für die Hühnerzucht
das Unterschreiben von Todesurteilen
das Anstehen nach einer Gurke
oder für
ein anderes Oder.
Wer uns das eingebrockt hat
ahnen wir nicht. Es schleicht umher
ausgestoßnes Getier
das sich selber nicht findet aus Mangel

an Schwingen und Augen
an Einsicht und Überblick
und Sprachkenntnis.

Aus Gedichten entwickelte sich auch die kurze Prosa, angesiedelt in einem literarischen Grenzbereich, keiner Gattung recht zugehörig. Baudelaires »Kleine Gedichte in Prosa« haben auf mich eine folgenreiche Wirkung gehabt, auch jene mikroskopischen, nur einige Zeilen langen Stücke Carl Sandburgs. Aus diesen kurzen Prosastücken wurden immer längere, die sich zu Geschichten auswuchsen, gar zu einem Roman. Doch im Zentrum dieser vielfältigen Versuche in den verschiedenen Gattungen stand stets das Gedicht. Trotz der gattungsspezifischen Übersetzung der Erfahrung in Bilder, in Gleichnisse, in Paradigmen, ließ sich in keiner anderen Form so unmittelbar ausdrücken, wovon ich bewegt wurde. Das Gedicht bot den kürzesten Weg. Und bewegt hat mich die zunehmende Unbeweglichkeit der Gesellschaft, die Erstarrung der sozialen Struktur. Was im ersten Jahrzehnt, vielleicht auch noch im zweiten nach Kriegsende wie eine tiefenwirksame Veränderung aussah, war wohl bloß eine Fluktuation zwischen sozialen Schichten. Es rückten in die Ämter und Posten, in die Verwaltung und in die Schaltstellen der Betriebe andere nach. Als ein bestimmter Sättigungsgrad erreicht war, versteinerte dieses Modell sofort. Und diese gesellschaftliche Immobilität befiel natürlich irgendwann auch jede geistige Regsamkeit.

Der Intellekt blieb an den Zustand fixiert, der ihn gefesselt hatte; gefesselt nicht im Sinne von »bezaubert«. Im Gegenteil. Die Vorgabe eines engen Rahmens, der weder denkerisch noch kreativ überschritten werden durfte, führte zu einer anhaltenden Beschäftigung mit eben diesem Rahmen, nicht mit den eigentlichen Problemen des

Einzelnen in der Sozietät, von deren Problemen selber ganz zu schweigen.

Ein Unternehmen wie Literatur, dessen Größe aus der Grenzüberschreitung resultiert, hakte sich an dieser Grenze fest. Sie begann, wenn auch mit verdächtig manieristischen Zügen, auf *der* Stelle zu treten, die ihr angewiesen worden war. Selbst noch ihre Abwehr inadäquater Forderungen nagelte sie an die Misere fest. Eine Misere, die eine überraschende Fortsetzung der bekannten deutschen Misere ist, deren Stagnation und Restauration sie mit den gleichen Mitteln und modifizierten Argumenten betreibt. Diesem Zustand korrespondierten Gedichte wie »Klassiker«, »Neues vom Amt« und »Abbild vom Tage«. »Klassiker« ist ein Gedicht über Marx, von seinen Kindern »Mohr« genannt; eine Variation über das Thema »Marx heute«.

Klassiker

Rasiert und angestellt
sitzt im Büro
den Kopf in seiner Hand
entleert in lauter kleine Sprüche
die gigantischen Gedanken: Er.

Hört denn nie dieses Elend auf
von dem Philosophie ein Abglanz ist
wie Wetterleuchten
und auch so nützlich. Zitate
helfen nichts:
Aus dem Steinbruch der Geschichte
stammen stets die Quadern
für neue Kerker
mein lieber Mohr.

Ringsum die Massen derer
du unentwegt gedacht: wir

wir stolpern
von deinem Wort geleitet
von einer in die andre Finsternis
rasiert und angestellt
und rettungslos.

Die beiden anderen Gedichte bedürfen keiner Erläute-
rung:

Neues vom Amt

Vom Amt
zur Genehmigung von Lebensäußerungen
kann man sich eine Portion
Atem zuteilen lassen
Er ist zweiter Güte
Nicht mehr ganz einwandfrei
und riecht ein bißchen nach Tod

wie der letzte Hauch
eines Verzweifelten
der sich hinter der Eingangstür
aufgehängt hat

überdrüssig des Wartens
auf frische Luft

Abbild vom Tage

Lange leblose Tage
Keine Miene regt sich
im Gesicht allgemeiner Abwesenheit
Ein ergreifender Stillstand

ohne Horizont und Ausblick
weil alles ringsum verdeckt ist
von brüchigem Holz im Geviert
das schon fault
unter der hilflosen Hand
Alles verdeckt von Blättern und Blumen
von Tafeln und Inschriften
von langen Sätzen aus kürzlichen Worten
hinter denen
du dich selber vermutest
aber das ist von allen
der dauerhafteste Wahn
Du bleibst nämlich der
den sie an den Beinen weggezogen
eine lange blutige Spur
die ganze Straße lang
zu Ehren der Tafeln und Inschriften
und anderer Irrtümer
für immer.

Obgleich unter besonderen Verhältnissen geschrieben, greifen diese Gedichte doch über ihren Entstehungsort hinaus und entsprechen allgemeingültigen Tendenzen, zumindest in weiten Teilen der Welt. Sie sind der endgültige Abschied von der Utopie, vom Prinzip Hoffnung. Vergleichen wir die vorher aufgeführten frühen Gedichte, erkennen wir, was sich im Ablauf von 25 Jahren begeben hat. Die totale Umkrempelung des scheinbar noch handlungsfähigen, gesellschaftlich aktiven Subjekts zum Objekt: zu einem Gegenstand, dessen man sich bei Unbrauchbarkeit entledigt. Versprochen und theoretisch begründet war die gegenteilige Entwicklung. Der Mensch sollte vom Objekt der Geschichte zu seinem Subjekt werden. Vom Produkt zum Produzenten. Die hundertprozentige Umkehr der

Verheißung ist sowohl verblüffend wie erschütternd. Und wenn ein Umstand die Zukunftslosigkeit bestätigt und fördert, dann dieser: daß Unselbständigkeit und Abhängigkeit in einem Maße gewachsen sind, die schlimmer wirken als des Proletariats böse alte Ketten: denn die zu verlieren, hieß die Freiheit gewinnen. Der Fortfall von Unselbständigkeit und Abhängigkeit aber ist gar nicht mehr denkbar, weil beides bereits zur neuerworbenen Identität in unserer Gegenwart gehört.

Was kann der Lyriker mit seinem Gedicht dagegen tun? Nichts eigentlich.

Er besitzt das Talent, sich, seine Psyche, sein Bewußtsein, auch sein Unbewußtes, seine Persönlichkeit zu verwandeln: in einen knappen Text von wenigen Zeilen. Aus diesem Text kann er weder vertrieben noch ausgebürgert werden, er ist seine eigentliche Heimat: diese fragwürdige Sicherheit hat der Autor allen voraus. Gleichzeitig bildet jedoch diese »Fluchtburg« auch seine Gefährdung. Denn indem er sich sprachlich verwirklicht, gibt er sich zu erkennen: als Außenseiter oder Abweichler. Allein die sprachliche Hervorkehrung seiner innersten Befindlichkeit unterscheidet ihn von allen anderen, denen die Sprache fehlt oder genommen worden ist. Der Sprache mächtig zu sein, ist seine Rettung und sein Untergang, weil die Macht über die Sprache die einzige ist, die sich die real herrschende Macht nicht aneignen kann. Darum muß sie den Autor auf irgendeine Weise stumm machen, wenn sie ihn schon nicht sprachlos machen kann.

Wenn man sich dieser Konstellation bewußt wird, ergeben sich Gedichte wie beispielsweise das folgende:

Neues von den Antipoden

Keine Zuflucht
bieten Dschungel noch Städte
und das geheime System
der Abwasserkanäle nicht
auf Dauer

Die Gesichter Grimassen
kläglich und beiläufig
bevor der Schuß fällt
der sie für immer entspannt

Jede Revolution
bade in Blut heißt es
ihrer Reinheit wegen
Aber wenn sie siegt
sind die Überlebenden
überflüssig

wie verdorrte Blumen
auf dem Schreibtisch
der Macht

Alle bisher vorgetragenen Gedichte verdeutlichen einen
Wandel des Denkens und der Anschauung, dem nicht ich
allein unterlegen bin. Die Gedichte markieren Stationen,
Wegstrecken, die immer weiter von der Ausgangsposition
fort und immer näher zum eigenen Selbst führten. Das
scheint mir ein ganz normaler Gang zu sein: von der
Fremdbestimmung zur Selbstbestimmung. Und diese
Entwicklung ist beispielhaft nur insofern, als sie vorführt,
daß man sich dem Muster entziehen kann, in welchem
man als dekorativer Schnörkel vorgesehen war. Und
wenn das Gedicht überhaupt Wirkung auszuüben ver-
mag, dann nur die eines Stachels, der sich in das vom

Alltag und den Gewohnheiten schon halb betäubte Fleisch bohrt. Seine Sache ist die Verstörung. Wenn der Leser, der das Gedicht mehr oder weniger intensiv nachvollzieht, sich um sein Leben betrogen fühlt, seiner Möglichkeiten und seiner Chancen beraubt; wenn das Gedicht sein Einverständnis mit der Welt erschüttert, dann hat es eine Leistung vollbracht, die für ein derart winziges Gebilde aus wenigen Zeilen gigantisch ist. Wenn es dem Gedicht gelänge, dem Leser seine Sicht zu vermitteln, müßte es auf einen Schlag sämtliche Kulissen zerstören, zwischen denen wir agieren. Die Welt als eine Aufführung für niemand erkennen, wie es das Gedicht »Theatrum mundi« zeigt:

Theatrum mundi

Täglich treibt Ophelia
an dir vorbei. Ein Hamlet
nach dem anderen verblutet
Der Rest ist schlimmer
als Schweigen
weil Heuchelei. Du triffst sie täglich
Bruder deine Brüder
aus der Klassik und Fausti Wehklag
enthält die alten neuen Leiden
von einem der sich verkauft hat.
Der weise Nathan
hat seine Pflicht und Schuldigkeit
getan und ist verbrannt.
Macht nichts! das Publikum
erfindet selbst sich neue Juden.
Nur du und ich
beschmutzt von Furcht und Mitleid
aller Dramen

erfahren nichts als daß
wir die Komparsen sind
jenseits der Worte
die uns keiner gab.

Lassen Sie mich zum Schluß diese Lebenslinie von Ge-
dicht zu Gedicht relativieren. Obschon sie die primäre
ist, verlaufen andere neben ihr, die von thematisch ande-
ren Gedichten bestimmt werden. Zum Beispiel Gedichte
über das Reisen, Aufenthalte in fremden Ländern, frem-
den Städten. Oder Gedichte über die bekannte deutsche
Vergangenheit und den Versuch, das Vergehende festzu-
halten. Gedichte, die sich des Gewesenen versichern wol-
len und es doch unaufhaltsam verschwinden sehen. Und
nicht zuletzt Gedichte unter dem Aspekt ihres Entste-
hungsortes: Gedichte, die sich mit dem Schicksal Berlins
befassen und seit langem schon von der Stadt Abschied
nehmen.

Dieses Vineta unserer Tage, untergegangen durch
Krieg, Teilung, Wiederaufbau, Sanierung, ist für mich,
der dort geboren wurde, mehr und mehr versunken.
Damit nenne ich zugleich eine Eigentümlichkeit des Ge-
dichteschreibens, die man mit »Erinnern um zu verges-
sen« umschreiben könnte. Das Aussprechen der Obses-
sion – und Berlin war eine für mich – hebt sie ins Be-
wußtsein und baut sie ab. Die Beschäftigung mit Berlin
beim Schreiben hat mir die Stadt unter den Fingern zer-
rinnen lassen. Je intensiver ich aus meinem Gedächtnis
hervorholte, was sie gewesen ist, desto ferner rückte sie
mir, um eine Ortschaft zu werden, der man nur noch
durch Hörensagen verbunden ist. Dazu ein letztes Ge-
dicht:

Berlin

Da ist nichts mehr
zu beschreiben. Stattdessen
verhöhnt Beton alles Eingedenken
und verschachtelt Bewohner für immer.
Fort die unergründlichen Labyrinthe
klägliche Zimmer düstere Läden
und das allabendliche Sanssouci
betäubender Kneipen
der glanzvolle Ernst der Seifengeschäfte
voll Buntheit und Bürsten gebunden
von wirklich Blinden und alte Frauen
von Fenstern gerahmt
bürgten für Dauer und Fortbestand.
Geduldig und schweigend
korrodierte in Fabrikhöfen die Zeit:
Eine lebendige Weise von Tod
und im Dunkel
einer schon bald vergessenen Toreinfahrt
lauerte das Glück ohne Namen:

Jetzt ist alles benannt und vermessen
abgeheftet und niedergerissen
und nichts mehr da
zum Beschreiben.

3
Brecht und Becher –
pars pro toto

Zwei deutsche Dichter haben in vielfacher Hinsicht mein Leben beeinflußt: Johannes R. Becher und Bertolt Brecht. Wenn ich jetzt über diese beiden scheinbar so gegensätzlichen Männer spreche, dann weder um einen verspäteten Dank abzustatten, noch um ein Verdammungsurteil zu fällen. Wir sind nicht dazu da, über die Irrtümer von Autoren zu richten. Unsere eigenen, so steht zu fürchten, wiegen schwer genug. Diese beiden hatten sogar noch die Entschuldigung für sich, ihr Versagen und Scheitern aus den Hoffnungen und Sehnsüchten einer Epoche geschöpft zu haben. Solche Entschuldigungen können wir für uns nicht mehr ins Feld führen: Wir hätten einsichtiger sein müssen.

An beiden Autoren soll gezeigt werden, was sie als Gefangene des 19. Jahrhunderts ausweist. Über Brecht hat Martin Walser im Zusammenhang mit dessen Stücken bereits 1964 geschrieben: Brecht gehöre nicht zum alten Eisen, wohl aber zum alten Gold:

»Brecht war gegen Krieg und Ausbeutung, aber er war es zu einer Zeit, als es eher gefährlich war, gegen Krieg und Ausbeutung zu sein. Welcher Mensch, der sich noch dazu mit Literatur beschäftigt, ist heute nicht gegen Krieg und Ausbeutung? Die Brechtsche Haltung gegen Krieg und Ausbeutung einzunehmen, ist leicht geworden. Die gesellschaftlichen Kräfte, die Krieg und Ausbeutung ermöglichen, wenn nicht sogar betreiben, haben längst neue Gesichter, neue Masken, und sie haben neue Vokabulare, in denen »Krieg« und »Ausbeutung« geächtete Wörter sind. Den Viren vergleichbar, die gegen die ersten Penicilline resistent geworden sind, treten die Verhängnisse jetzt in neuen Zellformationen auf.

Brecht hätte heute andere Namen für den Gegner. Krieg heißt heute überall Verteidigung. Ausbeutung hat 1001 Namen. Wer Brechts Haltungen als aktuelle Haltungen interpretiert und realisiert, steht vor keinem Gegner mehr. Und das ist das Verführende an der Imitation. Man steht sofort und leicht auf der richtigen Seite, empfindet angenehm einen freundlichen sozialen Humanismus. Man kann sagen: seht uns mit unserem Brecht, diesem Feind des Kapitalismus. Aber seht auch diesen Kapitalismus an, den gibt es Gott sei Dank nicht mehr. So kann man jetzt, mit Brechts Hilfe, eine soziale oder sozialistische Attitüde einnehmen, ohne gegen den jetzigen Kapitalismus zu sein, denn der kommt nicht vor bei Brecht. Man leiht sich also historischen Speichel, spuckt einen historischen Leichnam an und hat doch das befriedigende Gefühl, heute und in die richtige Richtung gespuckt zu haben.«

Aber der Dramatiker Brecht ist nicht unser Thema, sowenig es die theaterbezogenen Versuche Bechers sind. Es gilt nachzuweisen, daß, trotz gegensätzlicher ästhetischer und intellektueller Auffassung von Lyrik, in ihren Gedichten eine verborgene Verwandtschaft besteht. Obgleich wir es nicht für möglich halten möchten, begegnet uns in vielen Arbeiten der beiden der gleiche Typus: die autoritätsgebundene Persönlichkeit. Das meine ich mit ihrem Gefangensein, man könnte auch sagen »Befangensein«, durch das 19. Jahrhundert. Kein Jahrhundert wie dieses hatte die Autorität derart verinnerlicht; nun herrschte sie lastend und bedrohlich in der bürgerlichen Familie und erzeugte jene Komplexe, die ein neuer, sich wissenschaftlich nennender Exorzismus auszutreiben unternahm, ohne sein Ziel jedoch zu erreichen.

Im Jahre 1948 oder 49, ich bin da nicht mehr ganz sicher, empfahl mir jemand, der meine Gedichte gelesen hatte, sie doch Becher zu geben. Vielleicht könnte er etwas für mich tun. Ich bin dem Rat gefolgt, traf Becher im Vorraum eines Restaurants und überreichte ihm mein

Manuskript. Am nächsten Tag erhielt ich ein enthusiastisches Telegramm. Er sorgte dafür, daß aus dem Konvolut ein regelrecht gedruckter Gedichtband wurde, mit dem Titel »Wegschilder und Mauerinschriften«. Ob diese Starthilfe eher hinderlich als förderlich für mich war, ist heute nicht mehr zu entscheiden. Möglicherweise hatte auch Becher einen Jünger in mir gesehen, mit dem er »Schule« machen könnte, doch mir sagten seine Gedichte wenig. Ein blasser Neo-Klassizismus, welcher der Turbulenz und den anarchischen Zügen der Zeit nicht entsprach. Ton und Vokabular klangen seltsam gestrig. Manches konnte man nur noch als Selbstparodie verstehen, wie etwa diese Zeilen:

> Und einer sinnt und einer lauscht:
> der Regen rinnt, der Regen rauscht.
> Der Regen rauscht, der Regen rinnt:
> Und einer lauscht und einer sinnt.

Damit war gar nichts anzufangen. Ich fand keinen Zugang zu seinem Werk. Bis sich mir nach längerer Zeit und eher zufällig etwas von Bechers Zwangsneurose erschloß, die das Ergebnis einer bestimmten Lebensphase gewesen sein muß.

Becher stammte aus bürgerlichem Hause (der Vater war Amtsrichter in München) und wurde einer der berühmten »Bannerträger« expressionistischer Lyrik. Dann überzeugte ihn 1918 der Kommunismus, und er trat der KPD bei. Später wurde er Feuilletonredakteur der »Roten Fahne« und emigrierte nach Hitlers Machtergreifung auf Umwegen nach Moskau. Nach der Rückkehr aus der Emigration stieg er zum Präsidenten des Kulturbundes auf, anschließend zum Kulturminister der DDR. In dieser Machtposition veröffentlichte er eine lange Reihe von Gedichtbänden, in denen immer wieder neue Zusammenstellungen bereits vorliegender dominierten. Unter diesen vielen Gedichten will mir eines als Schlüssel erscheinen. Ein Schlüssel, versteckt wie eine Nadel in einen Heuhaufen. Nur zufällig stößt man darauf, und auch mir hat der Zufall geholfen. Denn dieser Schlüssel erklärt uns nicht nur einen individuellen und einmaligen Akt von seelischer Kompensation, sondern demonstriert ein wesentliches Gesetz der Lyrik, ja, vielleicht der Literatur überhaupt. Es handelt sich um ein schwaches Gedicht. Doch häufig sind es gerade diese, an denen sich leichter die Abgründe ausmachen lassen. Keine künstlerische Vollkommenheit, keine artifizielle Perfektion verbirgt den traurigen Anlaß. Es lautet:

Deutschland

Sehnsucht, Liebe glaubte ich zu kennen,
Doch erst jetzt spür ich sie richtig brennen,
Nicht nach einem Menschen, nach dem Land
Das, bekannt, mir blieb doch unbekannt.
Nein, ich kann dir, Deutschland, nicht entrinnen.
Jeden Tag muß ich mit dir beginnen.
Würd ich mir die Ohren auch verstopfen,
Hört ich nachts doch deinen Herzschlag klopfen.

Deutschland, alle deine guten Namen,
Die, von denen wir nie Abschied nahmen,
Werden wir bis auf den Tag bewahren
Und sie immer dichter um uns scharen.

An der Grenze stehe ich. Der Wind
Kommt von dort, wo meine Brüder sind,
In dem großen Lager eingegangen.
Nur ein Windgruß kann zu mir gelangen.

Werden niemals voneinander lassen.
Immer fester werden wir uns fassen.

Bis des Volkes Wille wird geschehen,
Und wir uns in Deutschland wiedersehen.

Wir müssen, wollen wir die Bedeutung des Gedichts be-
greifen, von seiner Herkömmlichkeit absehen und in der
Sentimentalität das wahre Empfinden aufspüren. Wir
dürfen uns auch nicht von quasi-religiösen Floskeln wie
»Bis des Volkes Wille wird geschehen« auf interpretatori-
sche Holzwege führen lassen. Vielmehr enthält diese Wen-
dung, deren Originalfassung ja »Herr, dein Wille ge-
schehe« heißt, die Flucht zu einer Autorität vor den realen
Schrecknissen einer anderen. Das Gedicht ist eindeutig ein
Notsignal. Ein Mann wie Becher, der sich von der Subjek-
tivität, von der Intimität des Gedichts abgekehrt und ihm
eine objektive Aufgabe zugeordnet hat, war außerstande,
Schmerz, Angst und Besorgnis auf eine dem Gedicht ange-
messene Weise zu reflektieren. Vielleicht liebte er deshalb
ganz besonders die Barockdichter.

Durch Selbstverstümmelung der eigenen Sprache be-
raubt, redet die Psychose unter dem Druck der Verhält-
nisse im Klischee. Als wenn jemand, der einen Trennungs-
schmerz erleidet und trauert, dieser Trauer mit dem schö-
nen Schlager »Ein paar Tränen werd' ich weinen um dich,
doch du wirst es nicht sehen . . .« Ausdruck gibt.

In Bechers Deutschland-Gedicht, und in vielen anderen
Gedichten gleichen Themas, erscheint Deutschland abso-
lut entrealisiert. Im Gegensatz zu Brechts Deutschland-
Gedichten, die zumindest auf eine gesellschaftspolitische
Wirklichkeit Bezug nehmen, sieht Bechers Deutschland
wie Utopia aus. Ja, sogar glanzvoller. Fast eine Insel der
Seligen, denn alle ihr zugeordneten Attribute beziehen
sich auf ihre Harmonie, die zwar im Augenblick gestört ist,
sich aber unaufhaltsam wiederherstellen wird. Mit einem
Wort: Es ist ein Gedicht wider besseres Wissen.

Jedem mit einem Minimum von Geschichtsbewußtsein ausgestatteten Autor mußte eigentlich klar sein, daß das ihm bekannte Deutschland den Faschismus und den Krieg nicht unbeschadet überstehen konnte. Auch nach Hitler würde es niemals so werden, wie es sowieso vordem faktisch niemals gewesen war. Becher dichtete sich eine Fata Morgana zusammen; immer aufs neue und fernab aller Denkbarkeit: ein Werk der Überlebensstrategie.

Durch das Schockerlebnis der Vertreibung oder Flucht aus Deutschland und unter dem Druck der Emigration mußte zwangsläufig das Selbstbewußtsein Schaden nehmen. Und Bechers Selbstbewußtsein war ohnehin so ausufernd wie empfindlich gewesen. In der Fremde galt der Dichter nichts mehr. Verschärfend kam in der Moskauer Emigration die dauernde Gefährdung hinzu. Genossen verschwanden und kehrten nie wieder. Keiner wußte, ob er nicht selber morgen genauso verschollen sein würde, wie heute der beste Freund.

Das war, weiß Gott, eine potenzierte Fremde, in der sich Leute wiederfanden, die glaubten, in eine neue Heimat gekommen zu sein. Wie sollten nicht daraus maßlose Sehnsuchtsbilder wuchern und autosuggestive Gemälde ersehnter Zustände? Gerade die Irrealität übte ihre beruhigende und tröstende Wirkung auf ihren Verfasser aus, denn je bedrückender die eigene Gegenwart, die eigene Umgebung war, desto idealer und idyllischer mußte die Projektion werden.

Dieses unaufhörliche Streben, das ebenfalls unaufhörlich infragegestellte Ich einigermaßen intakt, das heißt, im Gleichgewicht zu halten, verführte zu dieser kindlichen Märchenhaftigkeit. Bechers fiktives Deutschland stellte sehr wahrscheinlich seinen einzigen inneren Halt dar. Da die Übersetzung seiner Bedrängnisse und Befürchtungen nicht allein aus sprachlichen, sondern erst recht aus ideologischen Gründen unmöglich geworden war, schuf er sich Fluchtpunkte wie eben dieses Gedicht. Wie der Häftling von der Freiheit fantasiert und ihre tatsächlichen Gegebenheiten mit der Dauer der Gefangenschaft überzeichnet, so verfuhr Becher mit seiner Heimat. Alle Versagungen der Emigration konzentrierten sich auf diesen letzten Ausblick »Deutschland«. Nicht zufällig sind unter Bechers vielen Gedichten gerade die Deutschland-Gedichte die schwächsten. Weil bei ihrer Hervorbringung die rationale Kontrolle nahezu aufgegeben war, floß in sie das ganze verkrampfte Empfinden, das unterdrückte Elend am unverstelltesten ein. Wir dürfen sie getrost als Hilferufe verstehen. Zugleich wissen wir jedoch, daß Hilferufe meist keine guten Gedichte abzugeben pflegen. Der emotionale Druck dahinter ist zu stark, so daß der Kunstwille, das ästhetische Vermögen, überwältigt und gelähmt wird. Wir begreifen zwar den Mangel an künstlerischer Disziplin, sind aber darum auch nur in der Lage, mit dem Autor Mitleid zu empfinden, statt durch die Gedichte ein Leid zu teilen.

Noch ein anderes Moment tritt hinzu: Die konventionelle Glätte unkritisch übernommener Formen hat eine zusätzliche, der Psyche des Schreibenden dienende Funktion. Diese Schreibtechnik neutralisiert bis zu einem gewissen Grad die inneren Widersprüche, die Zerrissenheit des Schreibenden – sie kaschiert sie zumindest. Das Gegenteil, nämlich die Herausstellung innerer Ambivalenz, hätte das wirkliche Gedicht ergeben. Die überlieferte und ausgeschliffene Gedicht-Technik ist der kleinste Nenner, auf den Becher seine großen Themen und Stoffe gebracht hat. Das Gedicht als Beruhigungspille in einer Welt, der man auf Gedeih und Verderb ausgeliefert ist, und die man nur erträgt, indem man sie radikal verkehrt – zumindest schreibend.

Die Umwandlungsmethode jedoch, aus der sich jedes Gedicht ergibt, diese Umwandlungsmethode erwies sich als immerhin noch intakt. Aus einem einzigen Umstand war Becher ein Dichter: weil er das Prinzip der Transfiguration seines Ich ins Gedicht nie anzweifelte. Freilich vollzog er sie mit untauglichen Mitteln.

Wieweit offenbar sein Realitätsverlust ging, beweist beinahe klinisch ein Sonett. Kaum jemals habe ich einen Dichter auf so merkwürdige und verschrobene Weise diesen seinen Zustand eingestehen hören.

Volk und Dichter

Ihr zwingt ein Bild ihm auf: es ist nicht er,
Ihr seid es nicht, es ist das Bild ein Drittes.
Er ließ das Bild mit sich geschehn und litt es.
Ihr trugt das Bild. Er trug es. Leicht und schwer
Und ihr spracht zueinander: »Komm und bitt es,
Dann gibt das Bild, das Wunsch-Bild, alles her!«
Doch eines Tages: euch und ihm entglitt es,
Es war die Stelle, wo das Bild stand, leer . . .

Denn Volk und Dichter sind aus einem Bild,
in einem Bilde sind sie dargestellt,
Und nur was fremd, sucht man sich aufzuzwingen.

So aber muß das wahre Bild mißlingen,
Und Traum und Vorbild werden nicht erfüllt,
Und, Zug um Zug, das falsche Bild zerfällt.

Die Manieriertheit deckt sich mit der völligen Weltaufgabe. Nichts, was noch die Evidenz des Faktischen hätte. Alles, alle Kämpfe und Niederlagen, von denen hier die Rede ist, haben sich nur im Bild zugetragen. Nicht eine Wirklichkeit wird erlitten, sondern ein Bild. Das Gedichtsubjekt läßt »*das Bild mit sich geschehen*« – eine Formulierung, die sich der zudringlichen, überwältigenden Realität widersetzt und sie zum Bild ernennt. Nicht das Leben oder das Dasein wird ertragen. Das Bild trägt man wie sein Kreuz. Rätselhaft, was in den letzten drei Zeilen sich vollzieht: »So aber muß das wahre Bild mißlingen/ Und Traum und Vorbild werden nicht erfüllt/ Und, Zug um Zug, das falsche Bild zerfällt.«

Eindeutig wohl, daß ein Ideal, daß die Utopie, das »wahre Bild«, unverwirklicht bleibt. Aber zugleich wird, wie vorsichtig auch immer, eine kritische Mahnung ausgesprochen: Daß nämlich das »falsche Bild«, das Vorgetäuschte und lügenhaft Deklarierte zwangsläufig zerfallen muß, wenn das Angestrebte und Ersehnte keine Realisierung erfährt. Ist das nun eine resignative Reaktion auf das Elend von Verhältnissen, welche eine höhere menschheitliche Stufe zu sein vorgaben? Was auch immer an verzweifelter Einsicht sich da meldet, es regt sich auf einer Ebene völligen Abgehobenseins, durchgehender Abstraktion und Verallgemeinerung, so daß der Leser sich dabei alles und nichts denken mag.

Der Gegenpol nun heißt Bert Brecht. Und doch: Es gibt in Gedichten beider, Brechts und Bechers, Unterströmungen (und zwar nicht die von Edgar Allan Poe gemeinten, diese dunklen Unterströmungen von ungewisser Bedeutung), die sich aus beider Herkunft, aus beider Schicksal als Emigranten deuten lassen.

Als ich Brecht kennenlernte – ich hatte ihn im »Hotel Adlon« aufgesucht, um ihm unverfroren meine Gedichte zu dedizieren, die er auch mit großer Höflichkeit entgegennahm –, wirkte er auf mich als Kontrastfigur zu Becher. Beide kamen mir als literarische Extreme vor, ohne daß ich geahnt hätte, daß auch diese Extreme einander berührten.

Brecht war ein Frühaufsteher, ich damals keiner, und so mußte ich früh aus dem Bett, wollte ich ihn besuchen, und daß ich das wollte, war selbstverständlich. Wenn ich bei ihm in seinem Haus in Berlin-Weißensee auftauchte, hatte er meist seine Morgenarbeit hinter sich. Seine Fragen waren immer konkret und bezogen sich auf unsere aktuelle Gegenwart; mein Interesse war persönlicher. Ich wollte wissen, ob er träumte, was er leugnete, oder ob er jemals Edgar Wallace gelesen habe, den er, wie sich zeigte, schätzte, und von dem er meinte, er habe sein Talent verschludert, seiner zu teuren Ambitionen wegen. Das konnte man von Brecht nicht sagen, der seinen Mantel, ein Stück aus der Antike der dreißiger Jahre, oder seine Schuhe, die vor dem Krieg schon unmodern gewesen waren, für wenige Dollar in der Orchard Street in Lower Manhattan gekauft hatte und immer noch über den guten Kauf und die Qualität der Ware seine Zufriedenheit äußerte. Es haben sich mir Sentenzen eingeprägt, die er so hinwarf, und unvergeßlich darum, weil sie nicht unwidersprochen hinnehmen konnte. »Man muß den Deutschen den Sozialismus in den Arsch treten«, hieß es da ziemlich raunzig, oder über den Prunkbau der Moskauer Metro: Das sei eben der kollektive Luxus! In Zukunft werde es überhaupt keinen anderen geben.

Er war der Ansicht, man müsse bis in die Zeilenberechnung des Gedichts hinein so schreiben, daß der »Feind« nichts davon in seinem Sinne sich »herausnehmen« könne – was eigentlich alles Schreiben unmöglich machen würde, wer auch immer der zitatengierige Feind sein mochte.

Was aber, wenn man beispielsweise ein Gedicht wie den »Großen Oktober« zitieren wollte? Da heißt es nämlich:

. . . Aber in Moskau, der berühmten Hauptstadt
Aller Arbeiter
Bewegt sich alljährlich über den Roten Platz
Der unendliche Zug der Sieger.
Mit sich führend die Embleme der Fabriken
Abbilder der Traktoren und die Wollbüsche der
    Textilwerke
Auch die Ährenbündel der Getreidefabriken.
Über sich ihre Kampfflugzeuge
Die den Himmel verdunkeln, und vor sich
Ihre Regimenter und Tankgeschwader.
Auf breiten Tuchstreifen
Tragen sie ihre Losungen und
Die Bildnisse ihrer großen Lehrer. Die Tücher
Sind durchsichtig, so daß
All dies zugleich sichtbar ist.
Schmal, an dünnen Stecken
Wehen die hohen Fahnen. In den entfernteren
    Straßen
Wenn der Zug ins Halten kommt
Leben Tänze auf und Wettspiele. Fröhlich
Ziehen die Züge, viele nebeneinander, fröhlich
Aber allen Unterdrückern
Eine Drohung.

O großer Oktober der Arbeiterklasse!

Mir scheint, daß nicht allein ein mißliebiger Geist, sondern der Zeitgeist dieses Gedicht gegen seinen Verfasser gekehrt hat.

Als es geschrieben wurde, 20 Jahre nach der Oktoberrevolution, war deren Kehrseite zwar nicht allen, doch immerhin Leuten mit Überblick bekannt. Aber darum geht es bei diesem Zitat gar nicht. Es geht nicht darum, Gedichte zu widerlegen, was Unfug wäre. Gedichte sind weder »richtig« noch »falsch« in Hinblick auf die evozierte Realität oder entgegen anders gearteten Realitätserfahrungen. Insofern hat auch die ideologische Verurteilung von Gedichten als »Verzerrungen unserer Wirklichkeit« oder als »Nestbeschmutzung« keine Beweiskraft. Im Gegenteil: Sie beweist nur die Denkunfähigkeit der Urteilenden, die Worte und Wirklichkeit für identisch halten. Einziges Kriterium des Gedichts ist die übergreifende Gültigkeit über seinen engen Kontext hinaus. Keine noch so intensive Schilderung der gegenständlichen Umwelt erhebt das Gedicht zum Gedicht, wie auch keine Realitätsenthaltsamkeit es zum Nicht-Gedicht degradiert.

Es geht allein darum, Grundzüge deutlich zu machen, die dem Gedicht intendiert oder die ihm fremd sind. Und weshalb grundverschiedene Dichter wie Brecht und Becher aus ihrer persönlichen Situation heraus gleichartige Fiktionen aufbauten. Denn der so fröhliche und tänzerische Zug des »Großen Oktober« besitzt den gleichen Zweck wie Bechers »Deutschland«-Gedicht. Es handelt sich ebenfalls um eine Wunschprojektion, eine Stützung des Selbstwertgefühls, der eigenen Stärke, durch Anleihe. Aus dem Bild von Stärke geht Stärke auf seinen Verfertiger über – unter Ignorierung der tatsächlichen Verhältnisse. Mitte der dreißiger Jahre, und Brecht wußte es nur zu gut, denn er wählte einen anderen Aufenthaltsort, war es mit der Fröhlichkeit und dem Siegesgefühl der Massen in der Sowjet-Union nicht mehr weit her. Das jedoch spielte in diesem Fall nicht die geringste Rolle. Auf überraschendem Umweg kehrte die uralte magische Funktion, aufgehoben in der psychotherapeutischen, wieder. Sehen wir es einmal so: Bechers Deutschland-Gedicht und Brechts Großer Oktober sind Beschwörungen einer undefinierbaren Kraft, von welcher Überwindung der eigenen Schwächen erhofft wird – unbewußt natürlich, wie es sich für magische Praktiken gehört, da sie sonst nicht funktionieren.

Der Akt des Schreibens in beiden Gedichten unterscheidet sich von der Anfertigung der Höhlenbilder in Lascaux um keinen Deut. Er ist der gleiche kompensatorische Vollzug. Symbolisch wird in den Gedichten der »Feind« getötet, symbolisch siegt das eigene Selbst, expansiv erweitert durch höhere, nahezu göttliche Mächte wie Volk, Arbeiterklasse, Partei. Heute frage ich mich, ob die Anfälligkeit Intellektueller für symbolträchtige Ideen und Systeme nicht überhaupt aus solchem Kompensationsverlangen herrührt. Das schwache und sich selber bezweifelnde Ich, welches die Fähigkeit errungen hat, die eigene Individualität in Frage zu stellen, sucht Halt und Ausgleich durch mächtige Schimären. Und die mangelnde Kenntnis der Sache, aus der man innere Kraft bezieht, ist geradezu die Grundvoraussetzung dafür, daß die Kompensation gelingt. Denken wir nur wenige Jahre zurück. Nur aus den angeführten Gründen konnte der Maoismus unter europäischen Intellektuellen seine Wirkung entfalten. Und diese Wirkung mußte, ohne eine Spur zu hinterlassen, genauso wieder verfliegen, weil die Realität sie nicht einzulösen vermochte. Wir kennen nur zu gut den Wert symbolischer Siege und Triumphe: Wechsel auf die Zukunft, die stets platzen.

Freilich: Enttäuschung darüber, daß das Objekt der Beschwörung der Erwartung nie entspricht, verhindert nicht die Wiederholung.

Wir halten uns für enorm fortgeschritten und haben uns doch kaum ein paar Schritte aus der alten Höhle entfernt. Unsere sprachlichen Mittel, unsere Logik, unsere Erkenntnismethoden haben sich wahrscheinlich differenziert, unsere psychischen Mechanismen aber sind unverändert geblieben.

Um einen weiteren Beweis für die Nähe von Brecht und Becher anzuführen: beide sind, wie eingangs vermerkt, autoritätsgebunden. Vielleicht liegt das an dem Umstand, daß sie in einer Ära aufwuchsen, in der die überlieferte Autorität bereits zerfiel. Nicht allein die von Personen repräsentierte Autorität des Wilhelminischen Zeitalters war unglaubwürdig geworden, auch die moralische und ideelle. Bereits vor dem Ersten Weltkrieg hatte sich unter der intellektuellen Jugend eine »Protesthaltung« entwickelt. Es mag sein, daß heute wie damals wieder das Fehlen von Idealen zur Suche nach neuen antreibt, die ersetzen sollen, was man verloren hat: die daseinsbestimmende Autorität. Und vielleicht ist es Menschen nur schwer möglich, ohne solche Autoritäten zu leben, seien sie konkret oder abstrakt, von denen sie ihre Identität und ihr Selbstverständnis beziehen. Der Bürgerschreck Becher und der Bürgerschreck Brecht beweisen immer wieder die Unmöglichkeit der Selbstbefreiung. Obschon nicht auf den ersten Blick sichtbar, hat sich insgeheim und manchmal sogar ziemlich offensichtlich diese fast unauflösliche Beziehung erhalten. Und ich meine damit nicht die eindeutig im Gedicht angerufene Autorität von Theorie, System oder gesellschaftlicher Bewegung, die, wie ich eben dargelegt habe, aus anderen Ursprüngen stammt. Ich meine ein Einverständnis mit der Autorität, das sich sogar noch in der Rebellion gegen sie manifestiert. Selbst in einem Gedicht wie »Lob des Zweifels«, das als so anti-autoritär gelesen wurde, daß es seine Schwierigkeiten hatte, in der DDR gedruckt zu werden, tritt am Schluß durch die Hintertür die Autoritätsgläubigkeit wieder ein.

Darin heißt es:

Da sind die Unbedenklichen, die niemals zweifeln.
Ihre Verdauung ist glänzend, ihr Urteil ist unfehlbar.
Sie glauben nicht den Fakten, sie glauben nur sich. Im
      Notfall
Müssen die Fakten daran glauben. Ihre Geduld mit sich
      selber
Ist unbegrenzt. Auf Argumente
Hören sie mit dem Ohr des Spitzels.
Den Unbedenklichen, die niemals zweifeln
Begegnen die Bedenklichen, die niemals handeln.
Sie zweifeln nicht, um zur Entscheidung zu kommen,
      sondern
Um der Entscheidung auszuweichen. Ihre Köpfe
Benützen sie nur zum Schütteln. Mit besorgter Miene
Warnen sie die Insassen sinkender Schiffe vor dem Wasser.
Unter der Axt des Mörders
Fragen sie sich, ob er nicht auch ein Mensch ist.
Mit der gemurmelten Bemerkung
Daß die Sache noch nicht durchforscht ist, steigen sie ins
      Bett.
Ihre Tätigkeit besteht in Schwanken.
Ihr Lieblingswort ist: nicht spruchreif.

Freilich, wenn ihr den Zweifel lobt
So lobt nicht
Das Zweifeln, das ein Verzweifeln ist!

Was hilft zweifeln können dem
Der nicht sich entschließen kann!
Falsch mag handeln

Der sich mit zu wenigen Gründen begnügt
Aber untätig bleibt in der Gefahr
Der zu viele braucht.

Du, der du ein Führer bist, vergiß nicht
Daß du es bist, weil du an Führern gezweifelt hast!
So gestatte den Geführten
Zu zweifeln!

Der Schluß des Gedichts nimmt alles Vorhergesagte wieder zurück. Das Resümee enthält nicht die notwendige Konsequenz aus der Summation aller Argumente für den Zweifel. Die Schlußfolgerung ist fatal. Nicht gegen die Autorität als solche richtet sich der Zweifel, sondern nur gegen die »falsche« Autorität. Das, was auf der Gegenseite »Führerprinzip« genannt wurde, unterliegt keineswegs dem Zweifel, der da angeblich gelehrt wird. Es geht bloß um Modifikation und Erneuerung statt um Abschaffung. Es geht nicht um eine Alternative menschlicher Selbstbestimmung. Zwar heißt es bei Brecht im Liede, der Mensch wolle unter sich keine Knechte sehen und über sich keine Herren, aber das bezieht sich nur auf die alte Klassenstruktur und läßt keine Rückschlüsse auf Brechts Verhältnis zur Autorität zu wie in diesem »Lob des Zweifels«. Hier erst wird klar, daß der Zweifel den Führer und seine Gefolgschaft nicht negiert, sondern akzeptiert. Das macht die geradezu groteske Logik dieser vier letzten Zeilen klar.

Da wird ein Führer gebeten, den Zweifel unter seiner Gefolgschaft zuzulassen, weil man durch eben solchen Zweifel Führer wird! Seine eigene Erfahrung wird ihm vorgehalten, die darlegt, daß ja auch er durch Zweifel die alte Autorität gestürzt hat, um sich selber an ihre Stelle zu setzen. Nun wird er aufgefordert, dieser erneuten Usurpation der Macht, seiner Macht, zuzustimmen, mit sich als dem Geschädigten am Ende. Als lieferte solche Argumentation der Macht nicht geradezu ein Argument gegen Toleranz und Liberalität. Dem Machthaber den politischen Selbstmord anzuempfehlen, zeigt wenig von Brechts berühmter Listigkeit. Eher artikuliert sich hier eine Naivität, die auf eine höhere Gewalt als die unmittelbar gesellschaftliche spekuliert: auf die Macht der Vernunft.

Die Vernunft erscheint bei Brecht als ein höheres Wesen, eine Heilige, die bei Krisenfällen angerufen wird. Und auch sie, eine hilfreiche Pallas Athene gegen das Monster des Kapitalismus, tritt nur als eine Spielart von Autorität und autoritativem Denken auf. Denn diese Vernunft besitzt solche Machtfülle, daß gegen sie eigentlich keine Abwehr möglich ist und man sich ihr nur unterordnen kann.

In dem Aufsatz »Über die Widerstandskraft der Vernunft« wird sie zu einem Gegenmittel, das der Klassenfeind gar gegen sich selber herstellt, indem er gezwungen ist, für seine Zwecke und Ziele Kenntnisse zu verbreiten, aus denen die widerständige Vernunft erwächst.

Inzwischen hat die Geschichte selber dieser Brechtschen These die Basis entzogen. Mit dem Prädikat »instrumentell« ist der Vernunft die moralische Stellung fristlos gekündigt worden. Und die »Dialektik der Aufklärung« hat ihr den Rest gegeben.

Wenn auch, wie gesagt, Dichtung von Wirklichkeit nicht widerlegbar ist, so erleiden doch bestimmte Elemente der Dichtung ihre Prüfung durch die Chemikalie »Zeit«. Was nicht standhält, gehörte meist zum weltanschaulichen Bestand, der der Verrottung unterliegt. Gefährlich an der Übernahme einer umfassenden Weltanschauung ist, daß ihre Denkschemata vorzuherrschen beginnen und selbst beiläufige Texte überwältigen. Ich möchte dafür als Beispiel ein kurzes Brecht-Gedicht zitieren, das zeigt, was ich meine. Um der dialektischen Absicht willen wird Realitätserfahrung verleugnet und damit die mögliche Überzeugungskraft des Gedichtes wieder aufgehoben. Ich zitiere:

Die Folgen der Sicherheit

Ich höre, du willst
Deinen Wagen noch einmal wenden an der Stelle
Wo du ihn schon einmal gewendet hast. Dort
War der Boden hart.
Tue es nicht! Bedenke
Indem du den Wagen gewendet hast
Sind Furchen in den Boden gekommen. Jetzt
Wird dein Wagen dort steckenbleiben.

Dieses Gedicht macht sich selbst unglaubwürdig, da sein Gleichnis auf einem Irrtum beruht. Wo der Boden hart war, kann man getrost immer wieder wenden, ohne steckenzubleiben: Wie sollten da Furchen in den Boden gekommen sein?

Wollte ich von dem Phänomen unterschiedlicher Aufnahme des Brechtschen Werkes in den beiden deutschen Staaten ausgehen, drängen sich eigentümliche Rückschlüsse auf, über die zu sprechen ist.

Während in der jungen DDR die Neigung zu der »dialektischen Schreibweise« groß war, zumindest bei Intellektuellen, sperrte sich die junge Bundesrepublik gegen den Dichter. Erinnert sei nur an die unglaubliche Diffamierung Brechts durch den einstigen Außenminister Heinrich von Brentano, der ihn mit Horst Wessel verglich und damit unfreiwillig der Bundesrepublik ein Kulturbewußtsein überhaupt absprach. Doch die Relationen änderten sich.

Mit der erstarkenden Restauration in der Bundesrepublik und einem wachsenden Unbehagen an dieser Entwicklung hielt Brecht Einzug in die westdeutschen Theater. Während dieser Brecht-Renaissance im Westen ließ das Interesse an ihm in der DDR beim Publikum mehr und mehr nach. Handelte es sich dabei nur um eine Phasenverschiebung bei der Integration eines deutschen Dichters oder steckte mehr dahinter? Eine rhetorische Frage, denn natürlich steckt mehr dahinter. Es steckt Marx dahinter.

Brechts demonstrative Klassenkampfposition, seine Didaktik, die trotz Verfremdung Didaktik blieb; seine Dialektik, die häufig genug sich an Äußerlichkeiten festmachte, erlaubten dem DDR-Leser immer weniger, sich selber in die Brechtschen Gedichte einzubringen.

Das Umfeld hatte sich für diesen Leser dermaßen verwandelt, daß die Bezüge zwischen dem überwiegenden Teil des Brechtschen Werkes und eben diesem Umfeld kaum noch herstellbar waren. Brecht war unverhofft zum Klassiker geworden – falls eine der Voraussetzungen dafür der Abbruch lebendiger Beziehungen zwischen einem Dichter und dem Publikum ist.

Angesichts eines so gänzlich andersgearteten gesellschaftlichen Systems, dessen Züge eher Kafka vorgezeichnet hat, ließen sich aus den Lehrgedichten keine Lehren mehr ziehen. Die anempfohlenen Verhaltensweisen, auf einen früheren Kapitalismus gezielt und von einem späteren nahezu nostalgisch genossen, erlaubten keine Anwendung. Die Schwierigkeiten beim Schreiben der Wahrheit hatten sich gewandelt, also mußte auch anders geschrieben werden. Unaufhaltsam verstarb die Chance, durch gesellschaftliche Veränderung das zu erreichen, was zu den sehnsüchtigen und blinden Projektionen der primär politischen Dichter gehört hatte: eine menschlichere Welt einzurichten und allen ein lebenswertes Dasein zu sichern. Diese Träume und Phantasien, geboren aus den permanenten Katastrophen des Jahrhunderts, ließen sich mittels solcher Gedichte am allerwenigsten träumen. Ja, diese Gedichte erfuhren sogar einen Rückkopplungseffekt aus der Realität, der sie im Bewußtsein des Lesers noch mehr entwertete.

Nicht nur, daß die Gedichte ihr Versprechen von der menschlichen Gesellschaft nicht gehalten hatten, das wäre noch angegangen. Aber weil in der Wirklichkeit diese menschlichere Gesellschaft als praktisch erreicht behauptet wurde, obgleich jeder das Gegenteil erkennen konnte, wirkte diese Behauptung auf die Gedichte zurück. Hatten sie vordem nur wie schöne Illusionen geklungen, so kamen sie dem Leser jetzt wie faustdicke Lügen vor, da sie ihm das gleiche einreden wollten wie die offizielle Propaganda.

Der Glanz der Utopie war durch die alltägliche Herrschaftspraxis erloschen, und die Gedichte, lauter kleine Flämmchen oder Elmsfeuer, konnten sich dem nicht entziehen. In der zunehmenden Verdüsterung erleuchteten sie nichts mehr.

Ich weiß, wie leicht es ist, für gestern klug zu sein, und einzusehen, was gestern nicht einzusehen war. Die Gegenwart weiß stets alles besser. Und die Zukunft bleibt unabsehbar und unenträtselt. Wir feiern Prometheus als den, der uns das Feuer gebracht hat, als einen technischen Genius also, und erinnern uns nicht mehr an den Preis, der dafür verlangt wurde. Denn im Gegenzug – so berichtet die Sage – hat er uns das Vorherwissen der Zukunft genommen. Diese Gabe erhalten wir nie zurück, das ist klar. Aber aus dem Schicksal der Gedichte, die ich hier zitiert habe, sollte sich immerhin eine dauerhafte Überlegung ergeben. Die hieße, dem Gedicht sein Recht zu lassen, nämlich seine spezifische Erkenntnisweise. Jedes Einbringen andersgearteter Denkkonstruktionen bedeutet für das Gedicht nur zu bald seine Verwandlung in Makulatur.

Auf die sogenannte Wissenschaftlichkeit als Garantie für die Wirkung von Gedichten zu bauen, erweist sich für uns heute als eine verspätete Verführung durch die Wissenschaftsgläubigkeit des 19. Jahrhunderts. Vernunft, Wissenschaft, Aufklärung: diese Dreieinigkeit schien auch für Literatur, für Gedichte verpflichtend zu sein. Und wären nicht Dichter und Gedichte an dieser Verpflichtung gescheitert, wir glaubten vielleicht heute noch daran.

4

Gedichte aus ferner Nähe

Aber das Land, das du täglich
bei seinem Namen nennst?
Heimat? – Ach, so alltäglich,
daß du sie kaum noch kennst.

Ist dir dein Fluß noch zu eigen
und keinem wie dir bekannt,
wenn leise die Nebel steigen
im Frühling in deinem Land?

Der Entenmarsch in die Frühe,
Hahnenschrei, Drosselschlag,
die erste gewohnte Mühe
am Morgen, das ist der Tag.

Darin sind Nähe und Ferne
gepaart wie Hand in Hand.
Ein Garten auf diesem Sterne
im Raum, das ist unser Land.

Wir haben's gepflegt und verwaltet,
die Bäume, die Blumen, das Gras,
wir haben die Welt gestaltet
nach unserem menschlichen Maß.

Nun liegt sie unter dem großen
steigenden Frühlingslicht
blühend und aufgeschlossen
wie ein Mädchengesicht.

Gedichte wie dieses haben in der DDR seit langem keine
Chance mehr. Die Zukunft für soviel Zukunftsoptimismus
ist selbst in einem Lande zu Ende, wo er zur Staatsräson
gehört. Aber zwischen den offiziellen Bekenntnissen zu
einer Fiktion und den real existierenden Verhältnissen
bringt kein Gedicht einen Brückenschlag zustande.

Der hymnische Amerikanismus eines Walt Whitman, der durch den tatsächlichen Zustand der Neuen Welt keineswegs gedeckt war, gehört der schon historischen Vergangenheit an. Auch ein Majakowski, sich selber als Sprachrohr von Millionen empfindend, ist undenkbar geworden. Und die Absicht als verwirklicht vortäuschen, würde das Gedicht umbringen. Es wäre leicht, eine Rechnung aufzumachen, um, die Mengen schlechter und noch schlechterer Gedichte summierend, zu schlechter Letzt einen Friedhof zu erhalten.

Freilich, es geht hier nicht um Abrechnung mit der politischen Praxis, bei der Literatur und Literaten auf der Strecke blieben. Solche Abrechnung vollzieht die Geschichte selber, und sie ist gerade dabei, es zu tun. Unsere Aufgabe ist es vielmehr, festzustellen, daß das Gedicht trotz ungünstiger Umstände und vielleicht ausgerechnet deswegen immer noch lebt. Und daß es uns etwas zu sagen hat, nicht nur weil es seine eigene Sprache spricht, sondern beiläufig auch andere: nämlich die unserer Erfahrung und – nicht zuletzt – die unserer *Nation.* Sie werden über dieses große und heftig umstrittene Wort erstaunt sein und es vermutlich anachronistisch finden: Nation – von wem denn ist da eigentlich und noch dazu im Zusammenhang mit solchen ephemeren Gebilden wie Gedichten die Rede? Von uns doch wohl nicht? Oder doch von uns?

Dazu muß ich auf eine bereits etwas antiquierte Fragestellung eingehen, die vor einigen Jahren die Gemüter beunruhigt hat – ganz folgenlos übrigens. Die Frage damals hieß: Gibt es zwei deutsche Literaturen? Und die gutwilligsten Leute dieses Landes und leider andere auch haben sich zu einem seltsamen Akt der Selbstdestruktion verleiten lassen: Sie zerbrachen sich darüber den Kopf. Trotzdem trat aus diesen zerbrochenen Köpfen nichts Wesentliches zutage. Vermutlich lag das daran, daß niemand die Sinnlosigkeit dieser Frage erkannt hatte, geschweige denn zugeben wollte.

Ist erst einmal eine Frage falsch gestellt – wie zum Beispiel jene, ob man nach Auschwitz noch Gedichte schreiben könne –, gibt es kein Halten mehr und es hagelt nur so falsche Antworten, die das eigentliche Problem wie unter einem Schuttberg begraben.

Bei der Frage nach den beiden deutschen Literaturen wurde, was eine Spezialität der Deutschen zu sein scheint, Politik und Literatur verwechselt, bzw. gleichgesetzt. Tatsache aber war, daß die relativ späte Anerkennung der DDR als eines zweiten deutschen Staates separatistische Konsequenzen in vielen anderen Bereichen hatte. Weil niemand sich einen Revanchisten oder Revisionisten schimpfen lassen wollte, beeilte ein jeder sich, diesem zweiten deutschen Staat eine ihm ureigene, unverwechselbare Literatur zu bescheinigen. Bloß keinen Alleinvertretungsanspruch – auch nicht in der Literatur!

Unbemerkt aber bewirkte die politische Liebedienerei etwas weitaus Schlimmeres. Die Kehrseite der politischen Anerkennung bestand in der kulturellen Abwertung eines Teils der deutschen Literatur, die in der DDR verfaßt wurde. Mit der Bezeichnung »DDR-Literatur« folgte der ökonomischen Dominanz nun auch die kulturelle über den schwächeren Zwilling. Da der Literatur in der DDR das ihrer Gleichberechtigung zustehende Adjektiv »deutsch« entzogen worden war, blieb etwas übrig, das der ungenügend informierte Leser für eine Mischung aus »Ohnsorg-Theater« und Puschkin-Kopie halten mochte. Mit der Entspannungspolitik war in der kulturellen Sphäre ein Vorurteil entstanden. Das führte letztlich dazu, daß man an diese »DDR-Literatur« andere Maßstäbe legte. Es wurde ihr ein Bonus zugebilligt. Ihre Interpretation beschränkte sich aufs Politische, und gab das nicht viel her, benutzte man die aktuelleren Schreibweisen des Westens, deren Wert und Bestand selber völlig ungesichert war, als Zollstock.

Selbstverständlich: Die Situation hat sich gebessert. Nicht jeder kritische Text aus der DDR wird gleich enthusiastisch als Meisterwerk begrüßt. Und häufig genug war solcher Enthusiasmus hier nur die Umkehrung des Verdammungsurteils der Kulturfunktionäre dort gewesen. Nicht das Literarische an einem Stück Literatur wurde beachtet, sondern nur, was sich, so oder so, zum Politikum machen ließ. Eine größere Objektivität der Betrachtung hat begonnen, nicht zuletzt aus einem trostlosen Grund: weil die Verfertiger besagter Literatur zum großen Teil inzwischen in der Bundesrepublik nicht nur »in Effigie« anwesend sind.

Aber ich will mich hier an einige Autoren halten, die jenseits der Elbe leben. Diese Lyriker, über deren Gedichte der Diskurs gehen soll, werden nicht auf die erwähnte Weise gewogen und zu leicht oder schwer befunden. Dies Verfahren ist zu lange geübt worden und entspricht nicht dem Gedicht oder dem, was wir unter einem Gedicht verstehen wollen. Billig wäre die Suche nach Zeichen von konkretem Widerstand: Jedes Gedicht ist sowieso ein Akt des Widerstandes gegen alle Welt, welche den letzten individuellen Ausdruck, den letzten, leidlich persönlichen Schmerz in ihr Raster pressen und dem Vorrat ihrer Muster zuschlagen will. Leiden ist zwar noch erlaubt – vorausgesetzt, wir halten uns an das dafür verordnete Klischee. Ein pseudo-humaner kollektiver Korpus nimmt uns auf und reguliert unsere Lebensäußerungen derart, daß wir sie selber nicht wiedererkennen. Und wenn wir sie wiedererkennen, sind wir nicht mehr wir selber. Wir sollen Kopien von uns selber werden: denn dann sind wir endgültig wehrlos.

Eine letzte Gegenwehr gegen diese überwältigende Tendenz, ich wiederhole es bis zur Lächerlichkeit, ist das Gedicht. Die Originalität des Empfindens, des Weltempfindens, ist im Gedicht aufbewahrt und macht die Wichtigkeit und auch die Notwendigkeit des Gedichtes aus. Wir kennen die Welt ja gar nicht, wir können sie nicht kennen, und glauben den Abbildern. Wir können die Welt aber empfinden: Das ist unsere einzige sichere Wahrnehmungsweise.

Und solches Weltempfinden, solche säkulare Gnosis steckt in vielen Gedichten aus der DDR. In diesen Versen rumort eine expansive Sehnsucht nach Weite, nach Ferne, nach Reisen – kein Wunder, wenn man hinter verschlossenen Türen lebt und sich bei jeder ausgreifenden Bewegung wundstößt. Nur zwei Gedichte sollen als Beispiele dienen. Namen, die man hier selten oder kaum je gehört hat, werden genannt, doch Unbekanntheit ist kein künstlerisches Kriterium: selbst wenn wir das manchmal glauben. In unserem Hochmut denken wir oft, was wir nicht kennen, wäre der Kenntnis ohnehin nicht wert. Ich möchte Sie gern vom Gegenteil überzeugen. Hier die beiden Gedichte; das erste von Karl Mickel, das zweite von Wulf Kirsten:

Reisen

Aus Zügen sehn, die Gegend weit
Stilles Grinsen über dem Land
Ein Hügel macht dem Zug die Beine breit
Fetter Ruß auf Gesicht und Hand

Fahrtwind greift mir ins Gesicht
Woher er kommt, wohin er geht, wer weiß
Mich trifft er unterwegs, er bricht
sich an Brillengläsern, Gleis

Horizont klafft gelbhell
In Zügen fahren fahren fahren schnell

Die Hände streck ich aus dem Zug
Ich will mit der Hand sehn!
Hand Hand Windpflug
Begreifen ist schön.

Ausflug

Asphaltchausseen,
pfeilschnell überrollt.
die welt ein flüchtiges grün.
aus allen kronen ruft es lautlos
sommer.
in ruhe und schatten
schnarchen die schläfer.

schreit wer: ein lied
dem deutschen laub- und nadelwald!
ausgestreut sind häherfedern, blaugetupft.
es zetern die tirolerhüte
weghin zum nächsten waldlokal:
wer hat dich . . .

der abgetretne berg
zieht seinen hut.
im unsichtbaren liegt die weite welt,
nur wer ein fernrohr bei sich trägt,
sieht böhmische dörfer
wie gestochen liegen.

»Im unsichtbaren liegt die weite welt« – dieser traurige
Satz eignet sich für ein Motto auf das Dasein intra muros.
Das Verlangen nach Grenzenlosigkeit, ein Syndrom ost-
elbischer Dichter, verstehen wir aus den bekannten Grün-

den. Und trotzdem entfalten derartige Gedichte, deren Anlaß uns fremde Umstände sind, eine umfassende und auch uns einschließende Bedeutung. Sie sind nicht im Anlaß steckengeblieben, sondern vermögen durch ihre sprachliche Verallgemeinerung (im unsichtbaren liegt die weite welt) uns ebenfalls zu treffen. Sie, die Welt, ist uns zwar faktisch leicht erreichbar, und doch verbirgt sie sich vor uns gleichfalls. In dieser einen Zeile zieht sich die Befürchtung zusammen, es ginge uns mit der Welt wie Tantalus mit den Früchten: Sobald er die Hand ausstreckt, um sie zu pflücken, weichen sie vor ihm zurück: Die Zeile markiert die Erfahrung des sogenannten *Modernen Menschen*, dem sich die Welt darbietet, ohne daß er sie noch fassen kann. Ihr Eigentliches bleibt ihm für alle Zeit verborgen. Nicht nur für jene, die ihren geopolitischen Rahmen nicht überschreiten dürfen.

Eher tragen andere Gedichte, die sich kritisch mit der DDR-Gesellschaft auseinandersetzen, gewisse Handicaps. Doch auch solche Texte, wie z. B. das folgende »Telegramm aus Sanssouci«, das sich als historische Parabel gibt, enthält immer Analogien zu anderen sozialen Systemen. Der Vorgang des Angepaßtwerdens ist überall verständlich. Hier das Gedicht von Walter Petri, einem Lyriker des Jahrgangs 1940.

Ein Telegramm aus Sanssouci

Die Zeit vergeht! Doch leider
nur im Schlafe
und dennoch zählt die Sonnenuhr
die Stunden der Enklave
der Gärtner schert dem Baum
schnipp schnapp die grünen kleinen
Finger ab ich bin der Baum o weh

der Stamm ich steh im Topf
vorm Gärtner stramm
die Schere fährt mir in den Schopf
ich protestier: papperlapapp!
die Schere sagt schnipp, schnapp!
schnipp schnapp!
am Boden häufen sich verloren
die grünen Triebe grüne Ohren
denn einem stolzen König nutzt
wer selber sich und andre stutzt
mein Sanssouci das Triebe haßt
die Schere schert dich bist du paßt.

Was den Eindruck erweckt, es habe die frederizianische Maskerade allein dazu gewählt, Repression und Konformismuszwang indirekt anzuzeigen, stellt vielmehr eine politische Verschärfung dar. Denn es setzt ein Gleichheitszeichen zwischen Preußen und einen deutschen Nachfolgestaat, in dem unter anderer Benennung Traditionen fortleben, die zum Untergang des Vorgängers geführt haben. Der preußische Absolutismus erfährt in dem Gedicht von Walter Petri seine Fortsetzung bis in ein Staatsgefüge hinein, das sich vergeblich dieser und anderer Vergleiche zu erwehren sucht.

Während Petris Gedicht nahezu kabarettistisch das Angepaßtwerden mittels gartenpflegerischer Analogien beschreibt, kommt uns der Lyriker Volker Braun komplizierter. Abgesichert durch ein Lenin-Zitat und den ausdrücklichen Verweis unter dem Titel »*Vom Besteigen hoher Berge*« wird im alpinen Unternehmen Politisches abgehandelt. Doch Brauns Metaphorik wird durch Alltagsvokabular kontrapunktiert, durch aktuellen Slang und Einsprengel aus der politischen Terminologie. Daraus bezieht das Gedicht seine innere Spannung.

Wenn Petris Gedicht im Prinzip konventionell in Idee und Ausführung ist, so bekennt Volker Braun immerhin den Zweifel am Zweck des ganzen Unternehmens, das da unter dem Namen des großen Mannes firmiert.

Vom Besteigen hoher Berge
(Nach Lenin)

Jetzt sind wir höher als die Baumgrenze geklommen
Aber der Wald hat zugenommen.
Jetzt haben wir das Lager errichtet
Unter dem Gipfel: den keiner mehr sichtet.
Jetzt hängen wir am Seil ungelenk
Um nicht abzustürzen beim nächsten Schwenk.
Jetzt geht es nicht mehr vorwärts in dem ewigen Schnee
Formulare/Kies/Versprechungen/kalter Kaffee
Das reicht uns bis an den Schritt.
Jetzt schleppen wir jeden Tag den Berg mit.
Jetzt hat uns die Höhenkrankheit befallen
Und jeder sieht sich verfolgt von allen
Bis in die Betten und Bilanzen.
Jetzt kämpfen wir gegen die Wanzen.
Jetzt übersteigen offenbar uns die Wege
Mit ihrem Geröll/Eckziffern/Privilege
Jetzt steigen wir über die Mitarbeiter
Erobernd einen Platz auf der Leiter.
Wo wollen wir eigentlich hin.
Ist das überhaupt der Berg, den wir beehren
Oder eine ägyptische Pyramide.
Warum sind wir so müde.
Müssen wir nicht längst umkehren
Und von unsern Posten herabfahren.
Und uns aus den Sicherungen schnüren
Denn dieser Weg wird nicht zum Ziel führen.

Tappen ins Ungewisse, aus dem wir aufgestiegen waren.
Die Reibung unser einziger Halt.
Tagelang arbeiten, um einen Zoll zurückzugehn
Verschwinden, um zu bestehn.
Aufstieg gleich Abstieg, heiß kalt.
Und den Gipfel in wieder erreichbarer Ferne zu sehn.

Und nun schrein die Arschlöcher, die nie einen Schritt
    wagen.
Was hat das zu sagen.

Das Gleichnis vom Besteigen hoher Berge geht nicht auf.
Zugleich wirkt es wie ein unauffälliger Seitenhieb gegen
Brechts formelhafte Definition historischer Entwicklung:
Hinter uns liegen die Mühen der Gebirge, vor uns liegen die
Mühen der Ebenen. Dieser Geschichtsthese vom qualitati-
ven Unterschied gesellschaftlicher Systeme widerspricht
Brauns Gedicht ganz nebenbei. Denn das Bild der Gesell-
schaft in Volker Brauns Gedicht unterscheidet sich in nichts
von anderen Gesellschaftsporträts. Es handelt sich sogar
offenkundig um eine Kastengesellschaft, in der es um Privi-
legien, Posten und den Kampf aller gegen alle geht.
    »Jeder sieht sich verfolgt von allen/ Bis in die Betten und
Bilanzen./ Jetzt kämpfen wir gegen Wanzen.« Mit letzte-
ren dürften im Zeitalter der Hygiene kaum jene Haustiere
gemeint sein, die weitaus harmloser waren als ihre techni-
fizierten Nachfolger.
    Und weil das Gleichnis eben ein Gleichnis ist und sich
somit Ignoranz erlauben darf, vermittelt es entgegen allen
Einwänden einen Funken Hoffnung: Der Gipfel, also das
Ziel, wird wieder in erreichbare Ferne gerückt. Das heißt:
Die Utopie, zumindest als Korrektiv aktueller gesellschaft-
licher Praxis, als »Endstation Sehnsucht«, existiert weiter.
    Daß solche Gedichte gedruckt werden, mag den ver-

90

wundern, der sich über das Gedicht und seine Wirkung falsche Vorstellungen macht. Kritik als Gleichnis, als Parabel, als Abfolge von Bildassoziationen, die andeuten aber nichts präzisieren, ist durchaus genehm. Der kritische Hinweis wird vom Leser begriffen und entsprechend entschlüsselt: »Jetzt hat uns die Höhenkrankheit befallen/ Und jeder sieht sich verfolgt von allen/ Bis in die Betten und Bilanzen.« Der Leser weiß, wen das »Uns« meint: ihn jedenfalls nicht. Es ist eine codierte Nachricht über die Kämpfe in den Spitzenpositionen und weniger ein Gedicht. Es vermittelt nichts weiter als diese ohnehin bekannte Tatsache, wenn auch mit Witz und Virtuosität. Gedichte wie dieses stehen eindeutig in der Nachfolge Brechts: Ihr Impetus ist aufklärerisch, nicht eigentlich dichterisch. Brauns Gedicht ist nicht naturnotwendigerweise ein Gedicht: Genauso gut könnte in einem Prosa-Kommentar zur Lage der Halbnation gesagt werden, worum es geht.

Was eigentlich macht »Deutsche Literatur« aus, falls an dieser Stelle das laute Nachdenken darüber erlaubt ist? Garantiert schon die Sprache die nationale oder ethnische Herkunft einer Literatur? Doch wohl nicht, denn z. B. die früheren »nationalen« Literaturen der ehemaligen französischen und englischen Kolonien waren ja francophon bzw. anglophon. Wesentlicher Bestandteil scheint mir der kulturell-geschichtliche Kontext, aus dem sich Literatur ergibt und aus dem sich auch Mentalität ergibt, die die Literatur reflektiert.

Wo immer heute ein Autor schreibt, hier oder da, aus der Geschichte und ihren noch wirksamen Grundmustern kann sich keiner davonstehlen. Rühmkorf wie Biermann sind eben Nachfahren Heinrich Heines. Und Kleist und Hölderlin leben in den Werken unserer Zeitgenossen.

Natürlich gehört zu dem, was deutsche Literatur ausmacht, auch das Thematische. In zahllosen Gedichten ist zum Beispiel Berlin präsent, ein Thema, das in unserer Epoche mehr »deutsche Problematik« in sich hat als je zuvor. Lesen wir heute Gedichte aus den zwanziger Jahren über Berlin, Gedichte von Ernst Blass, Max Herrmann-Neisse, Walter Mehring, Erich Mühsam, Alfred Wolfenstein, Paul Zech, so stoßen wir auf das Erlebnis »Großstadt«, ein Erlebnis, das fast genauso gut durch andere Metropolen hätte vermittelt sein können. Inzwischen jedoch hat das Schicksal Berlins die Stadt als Thema aufgeladen. In jedem gegenwärtigen Gedicht über Berlin bildet zwangsläufig die deutsche Geschichte den Hintergrund, mehr oder weniger unausgesprochen. Und selbst in Gedichten wie der »Ballade vom Zionskirchplatz« von Adolf Endler, das sich auf eine scheinbar intim-individuelle Konstellation von Menschen beschränkt, bricht die ganze Misere hervor:

Ballade vom Zionskirchplatz

Vier Freunde waren wir, wir waren Freunde, vier,
Am Zionskirchplatz im Gesträuch im Nieselregen,
Daß keiner, was auch kommt, den anderen je verlier,
Acht Hände, die sich aufeinanderlegen –

Der Platz ein Rosenbeet! Zwei Freunde sind dahin.
Heinz, wie verschwand er durch die Stacheldrahtverhaue?
Die gut geseifte Schlinge unterm Doppelkinn
Starb Herbert, und er schien uns stets der Laue.

Vier Freunde waren wir, wir waren Freunde vier,
und immer grübelnd wir und lärmende Gemeinde!
Steif sitzen zwei Genossen nah der Kneipentür,
stumm, steif, nervös – zwei Freunde oder Feinde?

Ein anderes Berliner Gedicht Adolf Endlers aus dem Jahre 1966 hat für die Bundesrepublik eine überraschende Aktualität bekommen – und auch das beweist, auf welche unerwartete, fast groteske Weise ein Text Bedeutung für Verhältnisse erlangen kann, auf die er nie gemünzt war. Das hat weniger mit Prophetie zu tun als mit der Sensibilität von Lyrikern für Frühstadien von Entwicklungen. Ihre Eindrucksfähigkeit, ihr Instinkt läßt sie Themen aufgreifen, deren Wichtigkeit und Allgemeingültigkeit erst mit der Zeit hervortritt. Es ist, als habe Endler dieses Gedicht nicht 1966, sondern eben erst geschrieben. Unter verschiedenen Interpretationsmöglichkeiten liegt uns eine besonders nahe.

Vor dem Abbruch unseres Hauses

Nachts sind Decken und Wände schräger.
Morgen sage ich dir: Es ist aus.
Du vertraust noch dem knisternden Träger?
Unser Atem nur trägt dieses Haus.

Das Haus, seine Stimm gleicht der deinen.
Zu Gerüchten, Verleumdungen schnalzt
die Treppe – bald stumm, unter Steinen,
Mit dem Mauerrest niedergewalzt.

Der Dachstuhl knarrt laut wie ein Wagen.
Dein Mund schmeckt nach Kalkstaub und welk.
Schon hör ich dein Herz nicht mehr schlagen:
Ein Zeitzünder tickt im Gebälk.

Obgleich abseits von Politik, ist diesem Gedicht unvermittelt eine politische Dimension zugewachsen: Der Zeitzünder im Gebälk des alten Hauses, eine lockere Assoziation zum Holzwurm, ist inzwischen als rebellisch-reformerische

Bewegung in den Städten losgegangen. »Das Haus, seine Stimm/gleicht der deinen« – Mensch und Haus bilden in dem Gedicht eine Einheit, und übrigens nicht nur im Gedicht. Die alten Häuser als unsere verdinglichte Geschichte, als tatsächliche Schneckenhäuser menschlicher Existenz, haben dadurch einen Wert, der weit über den städtebaulicher Vielfalt oder billigen Wohnens hinausgeht. Im Aufstand gegen den brutalen Abriß ererbter baulicher Substanz artikuliert sich ja nicht nur eine materielle Notlage, sondern erst recht und intensiver noch eine seelische: Wie sollen wir noch als Menschen leben können in den Agglomerationen aus Beton? In der sogenannten »Sanierung« der Städte, und auch in dieser Hinsicht steht die DDR der Bundesrepublik in der architektonischen Unmenschlichkeit nicht nach, tritt der Plan zu unserer Abschaffung immer deutlicher ans Licht. Wie in Science-fiction-Romanen Menschen durch fantastische naturwissenschaftlich-chirurgische Eingriffe zu Frankensteinschen Geschöpfen gemacht werden, so daß nur noch willige Hüllen zum funktionalen Dienst bereitstehen, so vollzieht sich ein gleichgerichteter, aber unauffälliger Vorgang an uns selber. Und das Gedicht spricht davon. Endlers Mentekel, sein Zeitzünder im Gebälk, erfährt zwanzig Jahre später die Bestätigung: nutzlos natürlich, wie es eben dem Menetekel immer ergeht.

Mir scheint, heutzutage gibt es schon fast kein Gedicht mehr, das nicht auf die schlimme Künftigkeit verweist. Daß das insbesondere in Deutschland, in beiden Deutschlands ignoriert wird, ist kein Wunder. Die Deutschen sind als Ignoranten ihrer eigenen Erfahrung die tüchtigsten. Gedichte aus der DDR, die von historischer Kontinuität sprechen, vom Weiterwirken deutscher Geschichte, resultieren nicht etwa aus dem Umstand, daß die Lyriker in der DDR ein schärferes Geschichtsbewußtsein haben. Eher entstehen ihre Gedichte aus dem beängstigenden Anblick historischer Determinanten, die immer noch fortbestehen. Die Geschichte, wie wir sie anschauen als eine Art Museum anachronistischer und darum lebensbedrohender Verhaltensweisen, nimmt allerorten in deutschen Landen ihren Verlauf. Vielleicht sogar ist die deutsche Geschichte in der DDR deutscher als andernorts. Ihr Erscheinungsbild jedenfalls legt diesen Schluß nahe.

Das Gedicht hat das längst gemerkt, doch es rebelliert nicht mehr dagegen. Der Kampf um so etwas wie eine »bessere Zukunft«, für die unzählige Leute in Deutschland sogar ihr Leben hingaben, scheint ausgekämpft. Zum Schweigen verurteilt, richtet sich das Denken auf das bedrohliche Ende ein. Die letzte Aussicht ist das Unheil. Nur das scheint noch sicher. In einem neueren Gedicht von Jürgen Rennert mit dem Titel »Garten des Schweigens« hat das Entsetzen den Ton des Märchens angenommen, weil es sich auf realistische Weise überhaupt nicht mehr artikulieren läßt.

Garten des Schweigens

Im Garten meines Schweigens
Blühen die finstersten Blumen schön auf.

Deutsche Tauben aus deutschen Märchen –
Einmal rechts rum, einmal links rum –
Hacken meiner von mir erkannten,
Verratenen Schwester
Fein säuberlich beide Augen aus.

Ich liebe die deutschen Tauben,
weil ich sie fürchte.
Auf sie ist mächtig Verlaß.
Meine blinde Schwester nenne ich Hoffnung.

Wo ich das Ende schon sehe,
sieht sie noch nichts.

Dicht vorm Zaun krieg ich sie rum,
Daß ihr die Richtung vergeht.
Und sage dann: Komm vorwärts.
Zurück geht es viel leichter,
Die Blinde hat ein Gespür für das Offene
Im geschlossenen Kreis.
Im Garten meines Schweigens
Blühen die finstersten Blumen schön auf,
Geht ein Prinz im Kostüm
der Schwester ein und umher.

Im Gegensatz zum noch gegenwärtigen und doch uner-
reichbar fernen Gipfel bei Volker Braun, diesem oft be-
nutzten Symbol politischer Provenienz, erklärt Rennerts
Gedicht die radikale Absage an jede Perspektive. Nichts
geht mehr. »Deutsche Tauben aus deutschen Märchen,
einmal rechts rum, einmal links rum, hacken meiner
Schwester die Augen aus.« Das tönt wie Grimm und An-
dersen und ist doch schiere deutsche Wirklichkeit: Ost wie
West, links wie rechts haben der Hoffnung – so heißt ja die
Schwester – jede Aussicht geraubt. Metaphorik aus der
deutschen Märchenwelt, leichter zu entschlüsseln als in
den Märchen selber die Rätsel der bösen Prinzessin oder
der Zauberspruch der Hexe. Der Situationsbericht könnte
exakter nicht sein: Durch die doppeldeutsche Politik ins
Aus manövriert, haben wir uns alle Chancen auf ein er-
träglicheres Morgen nehmen lassen. »Wo ich das Ende
schon sehe, sieht sie noch nichts«, heißt es in dem Gedicht,
und das Ende ist ja inzwischen vorstellbar geworden: Zer-
mahlen werden zwischen den Machtblöcken, unter fleißi-
ger Selbstbeteiligung.

Unsere Schwester, die Hoffnung, die wir sowohl erkannt wie auch verraten haben, indem wir nicht zu verwirklichen vermochten, was sie verhieß. Knapper läßt sich unser Versagen als Nation, als Volk kaum bezeichnen. Nation und Volk, zu große Worte zur Interpretation eines kleinen Gedichts, aber unter diesen großen Worten sind immer noch sogenannte »Sachbestände« virulent, ohne daß wir es so recht wahrhaben wollen. Das Gedicht hat sie jedoch, wenn auch in bildhafter Übersetzung, ausgesprochen, und wir müssen uns damit auseinandersetzen. Denn wir wissen ja, wie die Geschichte, und nicht nur die deutsche, immer wieder auszugehen pflegt.

Ein anderer Lyriker in der DDR, Heinz Czechowski, ist mit seinem Gedicht »Ich sehe mich kommen und gehen« an der »Endhaltestelle« schon angekommen. Sein Gedicht nimmt Abschied: von den einstmals geglaubten gesellschaftlichen Möglichkeiten, von einer vorstellbaren Evolution zum Humanen, von einem ersehnten Dasein in Angstlosigkeit.

Ich sehe mich kommen und gehen, gespenstisch

Und nur dem Laub an den Bäumen vergleichbar:
Jetzt bin ich, wann werde ich sein, wann
Vergehen? – Nichts ist gewiß
Als das Gewissen, die Mitte der Seele:
Schwarz, unergründbar, Zentrum
Des Chaos, das mich umgibt. Also:
Mach ich der Welt eine Ordnung und ordne
Die Dinge, wie immer auch
Ihre Beschaffenheit sein mag,
In meiner Brust: Liebe
Setz ich zu Liebe, Haß
Zu Haß, Gewalt

Zu Gewalt. Kein Anspruch,
Der mich erreicht, außer dem
An mich selber. So geh ich
Unter den Bäumen, die ihre Blätter verlieren
Und deren Verlust nicht beklagen. Die Schwärze,
Die mich umgibt, flüstert mit Stimmen, unzählbar,
Ich widersprech nicht und stelle mich an
In der Reihe der Wartenden ohne Erwartung:
Über die Trümmer versunkener Städte hinweg
Stakt seinen Kahn der alte Fährmann
Zum anderen Ufer, dem Land zu,
Wo endlich der Morgen erscheint, ein graulichter Schein,
Getreulich erhellt
Von flackernden Feuern,
Und wo zu den Klängen immerderselben
Sarabande die Lebenden tanzen,
Die schon gestorben sind
Und es nur noch nicht wissen.

Falls man einen Lyriker nach seinem Programm befragte,
könnte er mit einer Gedichtzeile von Czechowski die prä-
ziseste Antwort geben: »Kein Anspruch, der mich erreicht,
außer dem an mich selber.«

Und wenn wir schon davon reden, in einer Endzeit
angelangt zu sein, so meint das ganz sicher und unbestreit-
bar eine Endzeit für alle außerliterarischen Ansprüche an
Literatur. Jetzt ist der Punkt erreicht, wo Dichter als
Überzeugungstäter und Schreibtischkomplizen von weit
weniger naiven Gesellen ihre Rolle sowohl verspielt wie
aufgegeben haben. Kein Anspruch, weder der aufkläreri-
sche noch ein sonstwie gearteter ideoligischer, erreicht sie
fernerhin. Das bedeutet nicht Rückzug aus der Politik und
die »Instandbesetzung« des alten Elfenbeinturmes. Es be-
deutet aber, die Struktur des Gedichts vor der Durchdrin-

gung mit fremden Strukturen zu bewahren. Sich anderen Modellen und Theorien zu verschließen. Lange Zeit haben die Dichter in einer überzeugten Zweckdienerschaft ihre Unschuld und ihr künsterlisches Vermögen verschlissen, ohne den versprochenen Gewinn weithin wirksamen Einflusses auf den Leser wirklich einzuheimsen. Sie haben in diesem Jahrhundert wie in keinem Jahrhundert zuvor allen Ansprüchen entsprochen, um zum Schluß doch nur Undank und Enttäuschung zu ernten. Übrigens: Kein Land war dafür ein günstigeres Exerzierfeld und ein fruchtbarerer Boden als gerade Deutschland.

Die tiefe Ahnung des Versagens als Dichter von Ansprüchen steckt bei Brecht in der Bitte an die Nachgeborenen um Nachsicht. Aber warum sollten die eigentlich mit uns Nachsicht zeigen? Um der eigenen Passivität und Kapitulationsbereitschaft ein Alibi zu unterlegen? Und außerdem: Wird überhaupt etwas Nennenswerteres nach uns kommen als der Wind, der durch unsere Städte ging?

Ein anderes Gedicht von Czechowski, betitelt »Die Vögel«, läßt sich mühelos als spätes Pendant zu Brechts »An die Nachgeborenen« lesen. In seiner Folgerung ist dieses Gedicht ein Epitaph. Das Schlußwort in einem Prozeß gegen uns, der bereits verloren ist und in dem keine Revision mehr möglich scheint.

Die Vögel

Fliegen noch, es sind
Meistens Spatzen und Krähen, sie
Überleben, scheint es,
Wie wir:

Angepaßt
Dem grauen Himmel,
Durch den immer seltner

Die Sonne hindurchscheint,
Sind auch sie
Auserwählt
Für eine neue
Sintflut.

Die kommen wird,
Diesmal
Ohne den Berg Ararat
Als Insel im Meer
Der Trostlosigkeit

Die Meldung:
Überlebende keine
Wird niemand mehr funken
Und auffangen keiner
Von dieser Spezies,
Genannt Mensch.

Die kommen werden nach uns,
vielleicht
Von fernen Gestirnen,
Werden nichts finden, außer,
Vielleicht,
Spatzen und Krähen.

5

Absolut unernst gemeinter Rat
für geneigte Hörer und Leser

Nachdem wir uns mit den unterschiedlichsten Aspekten der Lyrik zwar nicht vertraut, aber immerhin bekanntgemacht haben, muß ich nun annehmen – da ich Sie immer noch hier vor mir sitzen sehe –, daß Ihr Interesse am Gedicht noch nicht gänzlich erloschen ist. Selbstironisch könnte ich sagen: trotz meiner inständigen Bemühungen nicht.

Ihr wertes Interesse, Ihre freundliche Geneigtheit haben in mir den Verdacht erweckt, daß Sie mir möglicherweise gar nicht so selbstlos zuhören, wie ich es mir einbildete. Keine Angst, ich setze zu keiner »Publikumsbeschimpfung« an: das liegt mir fern. Aber ich habe mir doch Gedanken darüber gemacht, aus welchen Gründen Sie wohl die Abendstunden opfern. Nur weil das Fernsehprogramm so schlecht ist oder Ihre persönliche »zwischenmenschliche« Beziehung?

Denn es bestehen im Lande der »Dichter und Denker« immer noch gewisse Hemmungen und Vorbehalte gegenüber demjenigen, den man früher so poetisch »Poet« nannte, und der als einer gedacht wurde, wie man ihn von einem berühmt-berüchtigten Gemälde her kennt. Da liegt er in seiner Dachkammer, die Zipfelmütze auf dem Kopf, den Schirm aufgespannt, weil es durchregnet, und seine Rechte zückt die Feder; überhaupt handelt es sich eindeutig um einen Zustand der Verzückung: Denn sein Blick ist starr auf etwas außerhalb des Bildes gerichtet – und dieses anvisierte Unsichtbare ist nichts anderes als die Unsterblichkeit. In dem Moment, da ich mir dieses Bild in Erinnerung rief, hatte ich eine Ahnung, welches geheime Motiv Sie als mein Publikum hertreibt – eben jene Unsterblichkeit, und der Wunsch, ihrer gleichfalls teilhaftig zu werden.

Sie wissen es selber, und ich muß es nicht betonen: Für Sie sind die Aussichten weitaus geringer. Die meisten von

Ihnen sind vermutlich nicht bereit, sich den Voraussetzungen für eine individuelle Unsterblichkeit zu unterwerfen. Etwa die vergammelte Dachkammer – die würden Sie ja wohl kaum akzeptieren, und stattdessen lieber auf jede Eternität verzichten. Aber – das darf ich Ihnen zu Ihrer großen Freude und Überraschung mitteilen – die Dachkammer, die Zipfelmütze, der Federkiel, der Regenschirm, die Lungenschwindsucht, der knurrende Magen sind nicht mehr die prinzipiellen Bedingungen. Es geht heutzutage auch anders.

Es fängt ja damit an, daß Sie im Zeitalter der sozialen Wohlfahrt und der Demokratie einen nahezu naturrechtlichen Anspruch darauf haben, ebenfalls Dichter zu sein. Freilich rate ich von einer Klage beim Bundesverfassungsgericht ab. Juristisch gesehen besitzen Sie einen Rechtstitel auf einen ideellen Wert, den Ihnen kein Gericht vorenthalten, den Sie aber leider auch durch keinen amtlichen Entscheid eintreiben können wie eine unbezahlte Rechnung.

Angenommen, Sie verklagen den Staat mit der Begründung, Ihnen sei bis jetzt – was Sie eben erst durch mich erfahren haben – das Dichtertum vorenthalten worden, angenommen sogar Sie könnten möglichenfalls doch eine materielle Entschädigung herausschlagen – Ruhm, Ehre, Unsterblichkeit aber könnte Ihnen kein Entschädigungsamt auf dem Wege des Lastenausgleichs übermitteln. Dafür müßten Sie schon selber aktiv werden.

In diesem Falle sollten Sie gewisse Dinge beachten. Denken Sie daran, daß, wie ich bereits sagte, in deutschen Landen gegenüber dem Dichter gemischte Gefühle vorherrschen. Eine Mischung aus Ehrfurcht und Mitleid wird ihm entgegengebracht. Einerseits hat die deutsche Geschichte – wenn schon nichts anderes – dies zuwegegebracht, daß bei dem Wort Dichter assoziativ ein lorbeergeschmücktes, idealisiertes Haupt auftaucht, meist Goethe verteufelt ähnlich, das irgendwie, aber man weiß nicht wie, vom Genius berührt und begnadet ward. Zugleich jedoch ist man überzeugt, Dichter, das ist halt einer, der bestenfalls einen sechs Jahre alten Volkswagen fährt, wahrscheinlich in einer Altbauwohnung ohne Bad haust, und statt sich auf Mallorca zu erholen zu diesem Zweck wechselnde Musen benutzt. Offenkundig bedürfen die Strapazen des Dichters eines erotischen Äquivalents. Letzteres neidet man ihm heimlich, ersteres gönnt man ihm von Herzen, weil er doch zu jener Gilde gehört, welche die Texte anfertigt, mit denen man in der Schule belästigt und gequält worden ist. Sie wissen es selbst gut genug: Die Empfindungen dem Dichter gegenüber sind zwiespältig.

Obgleich: Früher, wo alles besser war, waren es natürlich auch die Dichter. Nicht allein des Reimens wegen, was sie eindeutiger identifizierbar machte, sondern eben wegen der Art und Weise ihrer Existenz. Die seriösen unter ihnen waren eben Geheimräte oder Offiziere, Hauslehrer, Bibliothekare oder gar Adlige, und der povere Rest zählte nicht. Auf jeden Fall mischten sie sich nicht in die Politik – bis auf wenige Ausnahmen. Wer es dennoch tat, wie etwa der unselige Heine, den läßt man es auch nach über hundert Jahren noch entgelten. Und die Rache an Heine ist darum so anhaltend, weil man nicht die Loreley schreiben und so tun darf, als sei man volksverbunden, um dann vom Ausland her das eigene Nest zu beschmutzen. Ein anständiger deutscher Dichter hätte aus dem Wintermärchen ein freundliches Wintermärchen gemacht, das das Zeug für eine anständige Familienserie gehabt hätte.

Aber, wie gesagt, solche Individuen sind die Ausnahme und entsprechen eigentlich nicht unserer Vorstellung vom Dichter. Unsere Klassiker hätten alle für Springer geschrieben und sich kein bißchen geniert: »Grausige Bluttat in

Weimar – Knabe von Röslein gestochen!« Oder: »Callgirl-ring aufgedeckt – Frauen flochten und webten himmlische Rosen ins irdische Leben!« Oder gar jener »durchschlagende« Spruch für die Getränkeindustrie, dessen Genialität einfach darin besteht, daß er sowohl auf alkoholische wie auf nicht-alkoholische Getränke paßt: »Zuviel kann man wohl trinken, doch trinkt man nie genug!«

Über die politische Enthaltsamkeit unserer Klassiker Lobendes zu sagen, ist überflüssig: Nicht nur haben sie unbeschadet alle Systeme überstanden, sie haben auch allen Systemen gleichbleibend gedient. Sie waren, je nach Bedarf, monarchistisch, deutsch-national, republikanisch, national-sozialistisch und auch nur sozialistisch und werden das wohl auch weiterhin und bis in alle Zukunft bleiben – das eben scheint ihre Unsterblichkeit zu sein, auf die wir, Sie, meine Damen und Herren, und ich, soviel Wert legen. Damit also ist eine Grundvoraussetzung genannt: Man muß Mittel und Wege finden, sich extremen Meinungen und Ideologien nicht nur anzupassen, das unternehmen ohnehin die meisten, sondern dabei auch so zu verfahren, als behielte man eisern den eigenen Standpunkt bei. Das, ich gebe es zu, ist ein Kunststück. Aber solche Kunststücke gehören eben unabdingbar zur Kunst des Dichtens und zum Eintritt in die Wallhalla ewigen Angedenkens.

Doch allein diese geistige Anschmiegsamkeit, diese gewisse butterartige Konsistenz, die es erlaubt, jederzeit jedermann aufs Brot geschmiert zu werden, reicht für die Unsterblichkeit nicht aus. Sie ahnen vielleicht, was da noch alles fehlt! Vor allem eine interessante Biographie.

Ich sage nur: Frauen, Frauen und nochmals Frauen! Falls es sich bei denselben jedoch um Damen handelt, muß es leider heißen: Verzicht, Verzicht und nochmals Verzicht!

Die Literaturgeschichte, in die Sie ja eingehen wollen, benötigt nichts so sehr wie Ansatzpunkte aus dem privatesten Bereich zur Deutung Ihres Werkes. Und, ich sage es Ihnen jetzt schon, damit Sie es nicht erst nach Ihrem Ableben erfahren: Zur Unsterblichkeit gehört unabdingbar die Entmündigung. Die Unsterblichen sind zugleich die unveränderlich Unterprivilegierten aller Zeiten. Keine Revolution, keine Emanzipation, keine rechtliche Gleichstellung aller hilft ihnen etwas; sie, nachdem sie ohnehin zu Lebzeiten Opfer ihres unseligen Geschicks gewesen sind, bleiben es auch noch im Tode. Ihr Status ist sogar schlimmer geworden. Hätten sie als Lebende noch zu protestieren vermocht, wenn sie es vermocht hätten, so ist ihre Existenz nach dem physischen Finis todtraurig. Sie kommen einem immer vor wie Mumien, die von jeweils anderen Einbalsamierern mit ständig neuen Spruchbinden neu umwickelt werden, so daß sie nicht nur kein Glied rühren können, sondern daß selbst der natürliche Verfall ihre Glieder nicht mehr erreicht und bewegt.

Geben Sie noch heute in den überregionalen Zeitungen eine Anzeige nach Ihrer Frau von Stein auf. Erkennungszeichen: Blaue Blume. Nehmen Sie doch bitte an irgendeinem Kriege teil, zumindest als Beobachter – Sie ahnen gar nicht, wie dankbar Ihnen einmal die Literaturwissenschaft dafür sein wird, und diese Dankbarkeit würde sich selbstverständlich für Sie insofern auszahlen, als man solche Episode vielleicht zu einem Schlüsselerlebnis macht, aus dem Ihr Werk erst so recht verständlich wäre. Natürlich könnte ich Ihnen noch viele andere Empfehlungen geben. Etwa: Fangen Sie früh mit dem Schreiben an und hören Sie gleich wieder auf und gehen Sie anschließend nach Afrika! Ein unfehlbares Rezept. Eventuell ist auch eine geistige Umnachtung empfehlenswert, aber beim Stand der heutigen Psychiatrie bringt das nicht mehr viel.

Da die Norm, die die Normalität bestimmt, der eigentliche Wahnsinn ist, wie die Mitscherlinge von den Dächern pfeifen, ist es schwer geworden, sich abweichend zu benehmen. Die Maßstäbe sind dermaßen relativiert, daß es die Mühe nicht lohnt. Möglicherweise könnten Sie noch insofern ein extremes Verhalten an den Tag legen, indem Sie Mitarbeiter einer Versicherungsanstalt würden: Die »Assicurazioni generali« soll recht gut sein und einschlägige Erfahrungen mit Autoren haben. Bewerben Sie sich probehalber.

Freilich: Sie könnten auch spurlos verschwinden, aber ich fürchte, dieser Weg ist in unserem Jahrhundert einfach zu oft begangen worden! Das haben zuviele vollführt, ohne deswegen in ein offizielles Pantheon zu gelangen.

Apropos: Wir müssen sowieso von vornherein die Frage klären, für welche Art der Unsterblichkeit Sie sich entscheiden. Wünschen Sie lieber eine offizielle oder eine inoffizielle? Die offizielle, das muß man einsehen, ist einfacher. Ein Beispiel: In Berlin, Hauptstadt der DDR, befindet sich der Dorotheenstädtische Friedhof, auf dem illustre Geister wie Fichte und Hegel liegen. Aber nicht allein bedeutende deutsche Philosophen, auch Dichter pflegen sich dort post mortem aufzuhalten. Bertolt Brecht und Heinrich Mann, Johannes R. Becher und Arnold Zweig und sogar Kollegen aus anderen Berufssparten: der Komponist Hanns Eisler und die Schauspielerin Helene Weigel. Mit dem Begräbnis auf dem Dorotheenstädtischen Friedhof ist man praktisch unter die Unsterblichen aufgenommen. Wie man aber in diesen, dortselbst durchaus glaubwürdigen Zustand eintritt, kann ich Ihnen nicht verraten. Zu einer Karriere als Klassiker der DDR ist es für Sie vermutlich zu spät. Außerdem wimmelt es in der DDR von Klassikern, deren einziger Ehrgeiz noch darin besteht, in der Chausseestraße so rasch wie möglich beerdigt zu

werden. Wer auf die Warteliste für diese spezielle Unsterb-
lichkeit kommen will, braucht gute Beziehungen zu Poli-
tikern, die auch selber gern unsterblich wären, und das
sogar bei lebendigem Leibe. Aber in dieser Hinsicht hat
Gott ein Einsehen gehabt. Außerhalb des Dorotheenstäd-
tischen Friedhofes ist es in Berlin mit der Unsterblichkeit
nicht weit her. Personelle Fluktuation und die Tatsache,
daß man, dem Wort eines Unsterblichen zufolge, die
Ästhetik nach den Erfordernissen der Kämpfe zurichtet,
verhindern, daß man beispielsweise in Leipzig oder Stral-
sund unsterblich werden könnte.

Auch hier wieder ein praktischer Hinweis für Interessierte.
Es gäbe noch den Ausweg, sich mit der »Ständigen Vertre-
tung der Bundesrepublik« in Ostberlin, die sowieso nur
wenige Schritte vom Friedhof entfernt residiert, in Verbin-
dung zu setzen und um Unsterblichkeits-Fürsprache bei
den entsprechenden und zuständigen »Organen« der
DDR zu bitten. Die Vorstellung, daß es doch für eine
gewisse Summe dringend benötigter Devisen möglich sein
müßte, wenigstens eine Urnenstelle zu erwerben, scheint
mir nicht abwegig. Vielleicht ließe sich im Austauschwege
ein Unsterblich- aber Unbequemgewordener in die Bun-
desrepublik überführen, an dessen Stelle Sie, mein verehr-
ter Leser, treten könnten. Der Preis dürfte zwar ziemlich
hoch sein, dafür ist aber auch die Unsterblichkeit nahezu
totsicher.

Falls Ihre materiellen Möglichkeiten überfordert sein
sollten, müssen Sie sich auf eine inoffizielle Unsterblichkeit
gefaßt machen, die mit weitaus größeren Unannehmlich-
keiten verbunden ist. Ein psychisches oder sogar physi-
sches Martyrium ist nicht ausgeschlossen. Doch das Fatale
am Martyrium ist, außer dem Martyrium selber, die Un-
gewißheit des Erfolgs.

Wir kennen nur die berühmten und namhaften Autoren, die es erlitten und sich damit in unser Gedächtnis eingeprägt haben. Zu befürchten ist, es gibt eine unendliche Reihe Namenloser, denen es genauso erging, ohne daß ihnen noch das allergeringste Erinnern gilt. Ja, selbst wenn Sie mit Ihren Balladen und Hymnen einen Aufstand stiften und dabei auf der Barrikade im Kampfe fallen, garantiert Ihnen dennoch niemand den Eintritt ins Elysium. Immerhin würde Ihnen die Enttäuschung darüber nicht mehr bewußt, doch das ist ein sehr schwacher Trost.

Sie sollten es daher mit einer Kombination verschiedener Dichterschicksale versuchen, und im Falle des Nichteintretens des Erlebensfalles, also eben der Unsterblichkeit, durch testamentarische Bestimmung im Nachhinein die Zusammensetzung aller Schicksalskomponenten ändern lassen.

Diese Empfehlung scheint mir gar nicht schlecht. Setzt sie doch auf die leichte Beeindruckbarkeit von Literaturwissenschaftlern, für die die Veränderung von Biographien und Monographien durch das Auftauchen neuer Fakten nichts Neues ist. Solche neuen Fakten sollten Sie stets in der Hinterhand haben, um damit nach Ihrem Heimgang notfalls auftrumpfen zu können. Beispielsweise sollten Sie, falls Sie ein Maskulinum sind, Ihrem letzten Willen eine notariell beglaubigte Erklärung beifügen, des Inhalts, Sie seien eigentlich eine Frau. Ihr Hausarzt wird Ihnen gern jede einigermaßen aussichtsreiche Abnormität bescheinigen. Glauben Sie mir, eine solche nachträgliche Entdeckung wäre epochal! Stellen Sie sich doch nur vor, es käme plötzlich ans Licht, »Papa« Hemingway sei eine Frau gewesen! Urplötzlich fände der Männlichkeitswahn der Hemingwayschen Bücher seine logische Erklärung. Ein phänomenaler Vorgang, der für Jahrhunderte den Autor dem beginnenden Vergessen entreißen würde. Denn der »Machismo« eines männlichen Verfassers ist viel zu selbstverständlich, als daß er ein dauerndes Interesse hervorrufen könnte. Aber »Mama« Hemingway – das machte Furore bis in alle Ewigkeit!

Nachdem wir diese Voraussetzungen geklärt haben, müssen wir über eine eigentlich unerfreuliche Bedingung der Unsterblichkeit reden. Ich meine: das Œuvre. Der unsterblichkeitsbegierige Hörer mag meinen, es gehe nicht ohne – nun, da gilt es, ihn aufzuklären. Selbstverständlich ist kein literarisches Werk erforderlich, denn wenn es das wäre, es gäbe nahezu keine unsterblichen Dichter. Wieso, werden Sie nun fragen, gibt es aber doch welche, und zwar eine ganze Menge, und ich muß Ihnen darauf die Antwort geben: durch verschiedene Tricks. So wie man sich im späten Mittelalter durch Ablaßzettel einen Platz im Himmel oder im Paradies erkaufen konnte, so kann man sich auch einen Platz in der Unsterblichkeit sichern. Und zwar auf zwiefache Weise: Die eine besteht darin, daß man als Dichter auftritt, dessen Werk als verloren gilt: eine unbezweifelte Selbstverständlichkeit seit der Antike, da ein großer Teil von Dichtern nur durch Zitate in anderen Texten ein ruhmvolles Nachleben führt. Sollte es Ihnen also gelingen, glaubhaft zu machen, daß Ihr umfassendes Opus nicht überlieferbar war, haben Sie die Unsterblichkeit schon so gut wie gewonnen. Freilich gehört Fantasie dazu, den Beweis für die Existenz eines Werkes zu führen, welches Sie, wie wir beide wissen, nie geschrieben haben. Fehlt es Ihnen an dieser Fantasie, so müssen Sie das Buch über Ihre fehlenden Bücher selber schreiben. Das heißt, Sie erfinden einen Autor und verfassen seine Lebensbeschreibung nebst Interpretation seiner Arbeiten. Solchermaßen – und das ist der angedeutete zweite Weg – strahlt die Unsterblichkeit des erfundenen Dichters auch auf Sie aus. Ihre Unsterblichkeit ist ebenfalls gesichert, wenn auch nicht mehr als die eines Original-Dichters, immerhin aber doch als die eines genialen Literaturwissenschaftlers, der einen völlig vergessenen Dichter der Nation zurückschenkte!

Daß Sie damit ein Werk der Sekundärliteratur verfaßt haben, sollte Ihnen keineswegs unwesentlicher oder wertloser erscheinen, denn die Sekundärliteratur rückt sowieso an die Stelle der primären. Dieser Umstand macht das Original-Werk, zu dessen Herstellung ein ohnehin inadäquater Aufwand erforderlich wäre, ganz und gar überflüssig.

Horchen Sie sich nur um! Wer hat denn schon Hölderlin oder Kleist wirklich und mit eigenen Augen gelesen? Man kennt das Hölderlin-Buch von Bertaux und »Kleists Leben in Spuren« von Sembdner, wie wir eben immer alles über eine Sache wissen, ohne uns mit ihr selber befaßt zu haben. Wer war Georg Heym? Natürlich die Titelfigur aus dem Theaterstück von Thomas Brasch, der selbst schon auf dem besten Wege ist, Legende zu werden.

Trotzdem: Es muß der seit einiger Zeit aufgetauchte Verdacht energisch zurückgewiesen werden, die Literaturgeschichte sei eine Verschwörung von Literaturgeschichtlern. Dem ist nicht so. Sie können mit beinahe hundertprozentiger Sicherheit annehmen, daß die meisten Schriftsteller, von denen die Rede ist, auch tatsächlich gelebt haben. Möglicherweise wurde das Publikum durch Fragestellungen wie: »Wer hat Shakespeares Stücke geschrieben?« verunsichert. Aber ebenso wie die Diachronie der Geschichte keine pure Erfindung von Historikern ist, sondern von Fakten gestützt wird, so verfaßte unzweifelhaft Schiller seinen »Tell«, Thomas Mann »Die Buddenbrooks« und Forestier seine Gedichte.

Daß da skurrile und suspekte Unternehmen in Gang gekommen sind, Grundzüge unserer Geschichte als Märchen hinzustellen, sollte Sie nicht veranlassen, von diesen

Versuchen zu vermuten, sie vollzögen sich auch in der Literaturgeschichte. Der Zweite Weltkrieg mit allen bekannten Folgen war keine Fiktion, und Wolfgang Borchert hat sein »Draußen vor der Tür« tatsächlich eigenhändig geschrieben.

Mir ist klar, daß sich die Anstrengungen zur moralischen Relativierung und Revidierung der Vergangenheit mit einem wachsenden Zweifel an der Realität des Tradierten treffen und einander multiplizieren. In unserer Situation, wo, damit eine lebensbedrohende Politik durchgeführt werden kann, alle vorhergehenden Konstellationen von ähnlicher Bedrohlichkeit in Historikerprobleme umgewandelt werden müssen, ergreift die Entwirklichung auch die überlieferten Werke, so daß sie seltsam unglaubwürdig erscheinen und eher wie erdachte Belege für wechselnde Thesen. Die Auflösung greift um sich – das bietet uns den Zugang zu einem Bereich, durch den sich Unsterblichkeit am leichtesten erlangen läßt.

Schreiben Sie nicht, sondern lassen Sie schreiben!

Mit Sicherheit ist anzunehmen, daß die hermeneutische Befassung mit Ihrem nicht selbst geschriebenen Werk Ihnen eine größere Aussicht auf Unsterblichkeit eröffnet, als wenn Sie sich eigenhändig der Mühsal unterzogen hätten. Das Original spricht ja nur für sich. Die deutende Darstellung des Originals spricht bereits mit der Stimme der Autorität, wodurch das Original dem Zweifel an seiner Qualität entzogen wird.

Oder mit einem alten Märchen erläutert: Der König bliebe nackt, bekleideten ihn nicht seine gescheiten Schneider mit ihren Interpretationen. Und wir, ständig von Selbstzweifel und Unsicherheit zerfressen, weil wir längst alle Selbständigkeit im Denken verloren, akzeptieren die unsichtbaren Kleider und stimmen in den Chor der Bewunderung ein. Dieser simple psychologische Mechanismus ist unsere Hoffnung: Wir bestellen einfach beim Fachmann eine wissenschaftliche Dokumentation über unsere nicht vorhandene Dichtung. Daß dafür ein paar Zitate nötig sind, soll uns nicht erschrecken. Büchmanns »Geflügelte Worte« sind eine unerschöpfliche Fundgrube. Nicht etwa, daß wir die uns vorangegangenen Klassiker berauben und uns selber zu Epigonen machen wollen: Wir beweisen unsere Imaginationskraft, indem wir ihre Worte paraphrasieren, abwandeln, steigern.

Keine Frage, daß man durch gezieltes und schöpferisches Variieren von Klassiker-Texten (»Der Neger hat Schuld und kann abhauen . . .«) sogar eine neue literarische Richtung begründen würde: die des kreativen Umgangs mit dem Erbe. Ja, ich gestehe, in diesem Moment, da ich Sie mit diesen Möglichkeiten vertraut mache, bin ich mir selber nicht sicher, ob eine solche Arbeit nicht schon heranreift.

Aber lassen Sie uns zu unserem Wunschzettel, der Unsterblichkeit durch literarischen Ruhm verzeichnet, zurückkehren. Falls wir nun die bisher aufgezählten Voraussetzungen erfüllt haben und der Unsterblichkeit gewiß sein dürfen, befinden wir uns in einem Stadium gehobenen Lebensgefühls. Unsere emotionale Situation gleicht vermutlich der eines alten Alt-Ägypters, der einen Bausparvertrag über eine kleine Pyramide abgeschlossen, seine Einbalsamierung bereits bestellt und den Mumiensarg kostengünstig erworben hat. Er braucht jetzt bloß noch zu verscheiden, um ewig zu leben. Was für ein schöner Gedanke! Wir können nachfühlen, was in ihm vorgegangen sein muß. Gewiß hat ihn das nachtwandlerische Empfinden absoluter und umfassender Sicherheit ausgefüllt, denn was auch immer geschehen mochte, seine individuelle Unsterblichkeit war ihm gewiß. Zwar gab es noch die kleine Klippe des »Hearings« vor dem Totengericht, aber da waren ja wohl Justizirrtümer ausgeschlosen – jedenfalls hat man nichts Gegenteiliges vernommen. Hingegen wir, in nunmehr ebenfalls sicherer Erwartung unserer Unsterblichkeit, haben nicht einmal post mortem amtliche Querelen zu fürchten. Wir gehen umweglos und ungehindert in die Unsterblichkeit ein, sobald wir die allerletzte Voraussetzung hinter uns gebracht haben, welche in nichts anderem als unserem Ableben besteht. Wir können sorglos und zufrieden sein, aber sind wir es in solchem Falle wirklich? Wir haben alles Denkbare getan, unseren Namen vor dem Erlöschen zu bewahren. »Es wird die Spur von meinen Erdentagen/Nicht in Äonen untergehen . . .« hat unser Freund Büchmann uns pathetisch zugerufen. Wir als Begründer des literarischen Varieismus sagen da unprätenziöser: »Mein täglicher Fingerabdruck schafft Ewigkeit!« und liefern damit zugleich die Inschrift für jenes Monument, das uns zu setzen unsere Vaterstadt nicht umhin können wird. Sollten wir nebst unserem Werk trotzdem vergessen werden – uns selber trifft keine Schuld. Wir haben alles Notwendige veranlaßt. Das Zweischneidige an der Unsterblichkeit ist nur, daß sie nicht ausschließlich von uns und unserem »heißen Bemühen« abhängt, sondern merkwürdigerweise von etwas Unbestimmbarem, Ungewissem, Unfaßbarem. Daß ein solches Essential wie die Unsterblichkeit von uns fremden und gänzlich gleichgültigen Leuten und ihrem guten Willen bestimmt sein soll, ist die dialektische Kehrseite angestrebter Unvergeßbarkeit. Sie, diese Unvergeßbarkeit, ist gekettet an etwas fast Beiläufiges: An den Leser. Und daß dieses gesichtslose und nur schwer vorstellbare Wesen uns zum Nachleben erweckt, indem es einfach ein Buch aufschlägt – das kränkt doch unseren olympischen Stolz tief. Daß wir nicht auf ihn, den Leser, verzichten können, nachdem wir uns selber aus seinem Status befreit haben, ist die Crux des Schreibens und der angestrebten Unsterblichkeit. Was folgt auf unsere Mutation vom Leser zum Autor?

Daß wir uns im wahren Wortsinn Menschen in die Hand gegeben haben, die wir überhaupt nicht kennen und von denen wir darum alles befürchten. Wir sind ihrer Willkür und ihren Launen ausgeliefert. Welch banger Moment, da der Leser abends heimkehrt und in Pantoffeln und mit entspannter Miene vor sein Bücherregal tritt. Einen von uns wird er auserwählen, um seinen Tag zu beschließen. Eine Sekunde höchster Spannung! Mit seinem Griff nach einem Buch im Fach erhält er göttliche Gewalt. Er ist Herr über Leben und Tod eines Autors, das heißt: über Nachleben oder Makulierung. Wen er ergreift, der wird damit zum Dasein, wenn auch zu einem abstrakten, eigentümlich geisterhaften erweckt.

Was schwarz auf weiß das Papier bedeckt, wird wieder Atem und Stimme, Geständnis und Bekenntnis, Erfahrung und Suggestion. Wehe, der Leser wendet nach einer Weile des Überlegens und Zögerns seinen Rücken den Bücherrücken zu, weil er beschlossen hat, doch lieber Professor Grzimek auf den Spuren fremder Tiere zu folgen oder Hans Rosenthal in »Dalli-Dalli« zu bestaunen.

Die Vielzahl individueller Schicksale verharrt für diesen Abend wie für manchen anderen in der Todesstarre des Buchdruckes. Wenn der Leser ahnte, was er seinen Büchern und damit den Autoren antut, sobald er sich im Sessel vor dem Fernseher niedergelassen hat, seine Gemütlichkeit wäre kaum so unerschütterlich. Doch er, an dem es liegt, ob wir wiedererweckt werden oder scheintot bleiben, kennt noch nicht einmal seine Entscheidungsgewalt, aus der sich die Pflicht zu dauernder Lektüre ergäbe. Denn ohne ihn, ohne den Leser, ruhen die Dichter und Schriftsteller und selbst jene, die die Profession nur vortäuschen in ihren kartonierten oder leinengebundenen Särgen, ärger gebannt als Graf Dracula: Solange sie nicht mittels des Wortes in den Leser eindringen können, sind sie nichts anderes als nutzloses Material. Das jedoch heißt, daß die Unsterblichkeit des Dichters konsequent die Unsterblichkeit des Lesers erfordert.

Die vorhin gemachten Vorschläge bedürfen insgesamt noch der ferneren Mitarbeit des Lesers, seiner Annäherung ans Metier des Schreibens; mir scheint aber, daß im Grunde das Hauptbemühen des Dichters darin bestehen müßte, selber dem Leser die Unsterblichkeit zu sichern, von der seine eigene abhängt. Und dabei sollte es der Dichter dem Leser so leicht wie möglich machen. Ganz so einfach, wie es Arno Schmidt in seiner Erzählung »Tina oder die Unsterblichkeit« beschreibt, läßt sie sich kaum erreichen. Dort nämlich genügt es, daß der Autor einen Irgendjemand, also auch einen Leser, namentlich erwähnt, um diesen ins Elysium zu versetzen, als sei der Autor der hegemoniale Teil im Verhältnis Autor – Leser. Das Verhältnis scheint eher umgekehrt, weil, wo der Leser nicht mitspielt bzw. mitliest, der Autor von vornherein verloren ist.

Er hat umsonst gelebt und steht nun leblos in den obersten oder untersten Reihen einer Bibliothek, wo er nichts mehr zu erwarten hat.

Diesem unverschuldeten Verhängnis kann er entgehen. Falls er seine umfassende Abhängigkeit einsieht, wird er nicht umhin können, ein Buch zu schreiben, das er nicht nur *dem* Leser widmet, das wäre nicht genug, sondern in dem er den Leser zur Hauptperson macht. Er erhebt ihn zum Helden eines endlosen Abenteuers, das in nichts anderem besteht, als im Lesen. Prousts »Tage des Lesens« geben eine schwache Ahnung von dem, was den Leser in solchem Buch erwarten würde.

Unser Autor, dem die Unsterblichkeit als die einzig annehmbare Entsprechung für die Leiden des Schreibens scheint, wird in seinem Buch das Lesen zum Leben selber umwandeln. Er wird seinen Helden, den Leser, auf die Lesereise schicken, durch Wortwälder, über die Ozeane seitenlanger Sätze, in die geheimnisvollen Tiefen schwer verständlicher Wendungen, bewegt von den Wellen der Syntax, zu keinem anderen Zweck, als immer wieder und wieder gelesen zu werden.

Erst wenn es der Autor geschafft hat, ein solches Buch fertigzubringen, das der Leser nicht fortlegen kann und immer erneut beginnen muß, kann er, der Autor, sich getrost begraben lassen. Er hat aufs beste vorgesorgt. Er hat es geschafft, daß der durch ihn, den Autor, unsterblich gewordene Leser, ihm diese Unsterblichkeit retourniert. Das klassische System des »Do ut des« bewährt sich selbst bei so diffizilen und eindeutig metaphysischen Angelegenheiten wie der Unsterblichkeit.

Sie ist ganz leicht herstellbar, was ich hoffentlich eindeutig bewiesen habe, wenn wir alle uns nur ein bißchen Mühe geben – ich, der Autor und Sie, meine lieben und geneigten und genarrten Leser.

Kaisborstel, Frühjahr 1981

Inhalt

1
Was soll noch oder kann
heute das Gedicht?
5

2
Lebenslinie
29

3
Brecht und Becher –
pars pro toto
55

4
Gedichte aus der Nähe
79

5
Absolut unernst gemeinter Rat
für geneigte Hörer und Leser
101